AF586013

THÉATRE DES VARIÉTÉS.

RUE DE L'HOMME-ARMÉ

Numéro 8 bis

COMÉDIE-VAUDEVILLE EN QUATRE ACTES

Par MM. LABICHE et Eugène NYON

Représentée pour la première fois, à Paris, sur le théâtre des VARIÉTÉS, le 24 septembre 1849.

PRIX : 60 CENTIMES.

PARIS
BECK, LIBRAIRE
RUE GIT-LE-CŒUR, 12
TRESSE, successeur de J.-N. Barba, Palais-National.
1849

RUE DE L'HOMME-ARMÉ numéro 8 bis,

COMÉDIE-VAUDEVILLE EN QUATRE ACTES,

Par MM. LABICHE et Eugène NYON

Représentée pour la première fois, à Paris, sur le théâtre des VARIÉTÉS, le 24 Septembre 1849.

PERSONNAGES.	ACTEURS.
CHEVILLARD, propriétaire	MM. Leclère.
CLIQUET	Ch. Pérey.
ANTONY, clerc de notaire	Delière.
LE PÈRE CREVETTE, portier	Neuville.
GRENOUILLARD, publiciste	Danterny.
M. DE FOLLEMBUCHE	Gallin.
UN MONSIEUR	Rhéal.
UN FACTIONNAIRE	Georges.
UN GARDE NATIONAL	Eugène.
UN ENFANT	Le petit Sagot.
TOTO, gamin	Mmes P. Potel.
ROSE PATRIARCHE	Virginie.
AMINTHE	Boisgontier.
MADAME DE FOLLEMBUCHE	Pélagie.
Consommateurs, gardes nationaux, hommes du peuple	

Indications prises du spectateur.

ACTE PREMIER.

Le théâtre représente l'intérieur d'un restaurant; porte, au fond, ouvrant sur la rue, de chaque côté de cette porte deux montres garnies d'objets de consommation; entre les montres et les portes deux consoles, couvertes d'assiettes, verres, serviettes, couverts, etc.: sur celle de gauche, il y a une bouteille de rhum, et deux petits verres. — A droite, deux portes: au-dessus de la première on lit: Salons; au-dessus de la seconde: Cabinets de société, nos 1, 3, 5, 7. — Deux autres portes à gauche; dans la seconde est pratiqué un guichet servant de tour pour passer les plats, et on lit au-dessus: Cuisine. — Deux tables garnies de nappes et d'assiettes, l'une à droite, l'autre à gauche. — Chaises.

SCENE PREMIERE.

CLIQUET, *seul, arrangeant les tables, essuyant les verres, les assiettes, ce qu'il continue pendant le commencement de la scène suivante.*

UNE VOIX, *en dehors, à droite.* Garçon! garçon!

CLIQUET. Voilà! voilà!

LA VOIX. Quatre beffteacks aux pommes!

CLIQUET. Voilà!.. voilà!.. Bigre!.. il n'y en a plus... je viens de servir le dernier... Oh! j'ai une idée!.. (*Criant au guichet de la cuisine.*) Quatre anguilles tartare!.. quatre!..

UNE VOIX, *répondant de la cuisine.* Boum!...

CLIQUET. Ça servira de beffteacks pour aujourd'hui.

SCENE II.

CLIQUET, ANTONY.

ANTONY, *entrant par le fond* (1). Garçon!

CLIQUET. Tiens! monsieur Antony, le clerc de notaire!

ANTONY. Bonjour, Cliquet, bonjour!

CLIQUET. Est-ce que vous venez dîner?

ANTONY. Ah bien oui! j'ai mieux que ton dîner. Je vais au fameux banquet de la Réforme.

CLIQUET. Ordinairement on dîne avant... Ah çà! c'est donc pour aujourd'hui?

ANTONY. Oui, 22 février 1848...

CLIQUET. Dites donc, monsieur Antony?

ANTONY. Hein?

CLIQUET. La réforme, c'est-y la même chose que la révision?

ANTONY. Oh! non! la réforme, c'est pour supprimer les abus.

CLIQUET. Et il faut manger pour ça?.. mais ça me va... ça me botte!

Air de *Calpigi*.

Je suis pour la réforme, diantre!
Et par le cœur, et par le ventre!
Du veau, du rosbif et du flan,
C'est libéral... et nourrissant,
Et ça reforme diablement.
On se fait des panses énormes :
Tout ça c'est autant de réformes;
Et tous les vins que l'on a bus,
Tout ça supprime autant d'abus. (*bis.*)

Et il y en a!.. les domestiques d'abord, voilà un abus!

ANTONY. Enfin, croirais-tu qu'au dix-neuvième siècle, les clercs de notaire ne sont pas électeurs?.. Moi, je ne suis pas électeur!

CLIQUET. Ça ne m'étonne pas... Mais ni les domestiques non plus... c'est bien plus fort, ça.

ANTONY. Ah! les domestiques, ça ne presse pas.

CLIQUET. Ah! oui... vous voilà comme les autres!... Ils sont si bêtes, les domestiques!

ANTONY. Où est donc M. Chevillard, ton patron? Il m'a fait prier de passer pour affaire.

CLIQUET, *remontant* (1). Il est en face, au café de la Belle-Poule... Dites donc, il y fait la sienne de poule!

ANTONY. Très joli!

CLIQUET. Il sont si bêtes, les domestiques, ils ne peuvent pas voter.

ANTONY. Tu me disais donc que M. Chevillard...

CLIQUET. Il fait sa poule de midi à quatre heures... Ah! il se la passe douce, allez, le patron...

ANTONY. Comment! lui, un chef d'établissement!

CLIQUET. Oh! ça ne l'empêche pas de faire ses affaires!... il a une si bonne maison!.. c'est vrai, ça va tout seul... Et, dites donc, à force de faire fondre du beurre... il fait le sien... de beurre!... Il est encore mauvais celui-là! Ils sont si bêtes, les domestiques!

ANTONY. Le fait est que... M. Chevillard, s'il vous plaît?

1. A. Cl.

CLIQUET, *à part*. Il est vexé, le clerc de notaire. (*Haut.*) Attendez-moi une minute. (*Il va à la porte du fond et pousse un cri.*) Ohé! hi! hé! houp!

ANTONY, *passant à droite* (1). Qu'est-ce que tu fais là?

CLIQUET. Je sonne le patron.

CHEVILLARD, *en dehors*. Ohé! hé! hé! houp!

CLIQUET. Il va venir... (*Prenant une bouteille et deux petits verres sur la console de gauche et redescendant.*) En attendant, voulez-vous prendre un verre de rhum?

ANTONY. Volontiers.

CLIQUET. Il paraît que vous êtes pour la prise de rhum, vous!.... (*Prenant deux petits verres sur la table de droite et versant.*) Il est encore mauvais, celui-là!.. Ils sont si bêtes, les domestiques!.. (*A part.*) Je l'écrase, le clerc de notaire!.. Je ne sais pas ce que j'ai, j'étincelle à ce matin.

UNE VOIX, *à droite*. Eh bien! garçon! nos beefteacks!

CLIQUET. Voilà! voilà! (*A Antony.*) A la vôtre!

SCENE III.

LES MÊMES, CHEVILLARD, *puis* LE PÈRE CREVETTE.

CHEVILLARD, *entrant par le fond, une queue de billard à la main, et enlevant le verre de Cliquet* (2). A la tienne!

CLIQUET, *s'éloignant à gauche.*) Le patron!

CHEVILLARD, *gaîment*.

Air : *Ainsi que vous*. (Haydée.)

Oui, c'est l' patron, (*bis.*)
Qui sait gaîment faire un carambolage,
Mais qui, surveillant sa maison,
Gagne une poule et fabrique un potage!
Oui, c'est l' patron,
Qui d'un p'tit verr' vous fait raison!

(*Il avale le petit verre, à Cliquet.*) Ça te coupe la respiration, ça.

(*Cliquet va reporter le petit verre sur la console, Antony a posé le sien sur la table, à droite.*)

ANTONY. Monsieur Chevillard... vous m'avez fait demander?...

CHEVILLARD. Oui, j'ai besoin d'un notaire... pour une affaire majeure... monsieur Antony, Cliquet, vous me croyez heureux, n'est-ce pas?

CLIQUET. Parbleu! je vas vous plaindre!

CHEVILLARD. Oui, parce que j'ai de la chance au billard, et que je siffle assez proprement un verre de rhum, vous vous dites : Ah! que voilà un

1. Cl. A.
2. Cl. Ch. A

homme heureux ! Eh bien ! vous êtes deux crétins !

ANTONY. Hein !

CHEVILLARD. C'est-à-dire, Cliquet est un crétin... c'est mon domestique, je peux lui dire ça, je le paie.

CLIQUET, *à part.* Ils sont si bêtes, les domestiques !

CHEVILLARD. Eh bien ! mes amis, je ne suis pas heureux... J'ai du vide, j'ai du vague, j'ai du noir... Enfin... je m'embête !

CLIQUET. C'est comme moi. Tenez, père Chevillard, savez-vous ce qui nous manque ici ?

CHEVILLARD. Non !

CLIQUET. C'est une femme, une jolie petite femme, que vous épouseriez, que vous aimeriez, qui serait là, dans votre comptoir, que nous pourrions regarder, que nous pourrions... Ah ! mariez-vous, père Chevillard, mariez-vous !

CHEVILLARD. Je ne dis pas non... si je trouvais quelque chose de bien élevé... avec de l'économie et de la fraîcheur... Mais, pour le quart-d'heure, ce qui me tourmente, ce que je rêve, ce que j'ambitionne jour et nuit... ce n'est pas ça...

ANTONY. Quoi donc !

CHEVILLARD. Vous allez rire... C'est une maison !

CLIQUET ET ANTONY. Une maison !...

CHEVILLARD. Oui, je voudrais avoir des pierres qui soient à moi, des escaliers à moi, des portes, des fenêtres, des serrures... Oh ! ça doit être si bon de se promener sur quelque chose de solide, en se disant : C'est à moi ! c'est à moi !

ANTONY. Enfin, c'est une véritable passion.

CLIQUET. Oui, une rage de dents.

CHEVILLARD. Si j'avais une maison, voyez-vous, je l'aimerais, je la soignerais, je la dorloterais... je la mettrais dans du coton.

CLIQUET. C'est bien chaud, l'été.

ANTONY. Il n'y a rien de plus simple... Achetez-en une.

CHEVILLARD, *mystérieusement.* Chut !... J'ai quelque chose en vue.

CLIQUET. Ah ! bah !

UNE VOIX, *à droite.* Eh bien ! garçon, et nos beffteacks !

CLIQUET, *sans se déranger.* Voilà ! voilà ! (*A Chevillard.*) Ah ! vous avez quelque chose...

CHEVILLARD. Un bijou ! une perle !... avec un portier...

CLIQUET. La perle des portiers !

CHEVILLARD. Chut !... rue de l'Homme-Armé, n° 8 bis... (*Tournant autour de Cliquet.*) Il y a un tourniquet... Chut !

ANTONY, *consultant son agenda* (1). 8 bis... Attendez donc... Mais oui... la vente se fait à l'étude...

(*Il passe près de Chevillard.*)

CHEVILLARD (1). Je le sais bien, et c'est pour cela que je vous ai prié...

ANTONY. Diable ! mais vous avez un concurrent...

CHEVILLARD. Là !... j'ai un concurrent !... c'est fait pour moi... Est-ce qu'il n'y aurait pas moyen de le détourner !... en lui disant qu'elle est mal bâtie, que les escaliers sont noirs et les locataires...

CLIQUET. Rouges !

ANTONY. Oh ! ça n'y ferait rien.

CHEVILLARD. Ah ! je comprends... il est pincé... comme moi... On ne peut pas la voir, sans être pincé... Elle est si coquette !...

(*Il passe au milieu.*)

CLIQUET (2). Qui ça ?...

CHEVILLARD. Eh bien ! la maison !... (*A Antony.*) Et il en offre beaucoup ?

ANTONY. Nous avons ordre de pousser jusqu'à cinquante-huit mille francs... La vente est pour aujourd'hui.

CHEVILLARD. Aujourd'hui, mon Dieu !... si elle m'allait m'échapper... si je devais la voir dans les bras d'un autre !... Ecoutez, monsieur Antony, j'irai jusqu'à soixante mille francs... C'est tout ce que je possède, mon fonds vendu.

CLIQUET. Comment ! bourgeois, vous vendez votre fonds ?

CHEVILLARD. Il le faut bien !

CLIQUET. Un si bon établissement !

CHEVILLARD. Oui, mais une maison !... c'est le paradis !... on paie des impôts... on est électeur, on est du jury, on figure sur les matricules... enfin on est quelque chose dans l'Etat... tandis que je ne suis rien, qu'un va-nu-pieds comme vous !

ANTONY. Plaît-il ?

CHEVILLARD. C'est-à-dire comme Cliquet... Je peux lui dire ça, c'est mon domestique, je le paie.

CLIQUET, *à part.* Ils sont si bêtes, les domestiques !

UNE VOIX, *de la cuisine.* Enlevez les tartares !

CLIQUET, *allant prendre les plats au guichet* (3). Ah ! ce sont mes anguilles !... (*Se dirigeant vers la droite.*) Quatre beffteacks pommes, voilà !

(*Il sort par la première porte, à droite.*)

ANTONY, *qui s'est entretenu tout bas avec Chevillard* (4). Ainsi, c'est convenu, soixante mille francs.

CHEVILLARD. Oui, revenez me prévenir, dès que l'affaire sera conclue.

1. Ch. Cl. A.

1. Ch. A. Cl.
2. A. Ch. Cl.
3. Cl. A. Ch.
4. A. Ch.

ANTONY. Soyez tranquille.

ENSEMBLE.

Air des *Trois paysans*.

CHEVILLARD.

Il me faut cette maison,
Ou j'en perdrai la raison;
Allez vite, mon très cher,
Dussé-je la payer cher.

ANTONY.

Vous aurez cette maison,
N'en perdez pas la raison;
Je vous la promets, mon cher,
Dussiez-vous la payer cher.

CHEVILLARD.

De l'avoir je me fais fête,
Pour pouvoir être électeur!
J'ai cett' maison dans la tête,
Et ça me donn' du vague au cœur!

REPRISE DE L'ENSEMBLE.

(*Antony sort par le fond.*)

CHEVILLARD, *criant au fond.* Surtout revenez me prévenir... (*Redescendant.*) Jusqu'à son retour, je serai sur le gril.... Voici l'heure des affaires... je vais faire un tour à la cuisine, et me mettre sous les armes, ça me distraira.

LE PÈRE CREVETTE (1), *entrant par le fond.* A la boutique! boutique!

CHEVILLARD. On est à vous! le garçon va venir.

(*Il entre dans la cuisine.*)

SCENE IV.

CREVETTE, *puis* CLIQUET.

CREVETTE, *seul.* Quel chien de métier que d'être portier! (*Il s'assied près de la table à droite, sur laquelle est restée la bouteille de rhum, s'en verse tout en parlant et boit.*) Faire les commissions, faire les souliers, faire les escaliers... Et puis c'est l'un, et puis c'est l'autre... Père Crevette, va me chercher mon dîner... père Crevette, va me chercher du tabac... père Crevette, apporte!... apporte!... Ah! on demande la réforme et on a bien raison!...

(*On entend du tumulte à droite. — Il rebouche la bouteille et se lève vivement.*)

CLIQUET, *rentrant par la première porte, à droite, avec ses quatre plats et parlant à la cantonade.* Eh! des beffteacks! Puisqu'il n'y en a plus de beffteacks!... (*Au public.*) Le coup est manqué!...

CREVETTE (2). A la boutique! boutique!

CLIQUET. Pas tant de bruit... dites donc, l'homme?

1. Ch. Cr.
2. Cl. Cr.

CREVETTE. L'homme!.. Jeune homme, de la politesse!.. je suis un consommateur!

CLIQUET. Qu'est-ce que vous voulez?

CREVETTE. Du fricot!... c'est pour un locataire, il régale une poulette... faut des petits plats.

CLIQUET, *désignant une carte sur la table à gauche.*) Voilà la carte.

CREVETTE. Est-ce que je connais vos cartes, moi!.. Qu'est-ce que vous tenez donc là?

CLIQUET. Ça, ce sont des anguilles tartare.

CREVETTE. Ah! est-ce que c'est comme il faut, ça?..

CLIQUET. Comment donc! ça vient de Russie, puisque c'est tartare... On se jette dessus, v'là les dernières.

CREVETTE. Ah bah! j'en ai jamais mangé... voyons donc... (*Il goûte la sauce avec son doigt.*) Bigre! il y a de la moutarde là-dedans!... c'est raide!... on m'a dit: quatre plats au choix... Je choisis ces quatre-là.

CLIQUET, *allant mettre les plats dans une serviette, sur la table à gauche.*) Où portez-vous ça?..

CREVETTE. Rue de l'Homme-armé, numéro 8 bis...Il y a un tourniquet... j'en suis le portier...

(*Il boit un verre de rhum à la dérobée.*)

CLIQUET. Tiens? c'est le portier de la Perle!. ...

CREVETTE, *prenant les plats.* Je vous rapporterai les assiettes... Dites donc, jeune homme, serrez votre rhum, on pourrait le boire!

CLIQUET. Oh! il n'y a pas de danger... la maison est honnête.

CREVETTE. La maison! parbleu! c'est pas la maison qui le boira! (*A part.*) Il est bête, ce jeune homme! (*Retrempant son doigt dans la sauce.*) Quel chien de métier!

(*Il sort par le fond, après l'entrée des consommateurs.*)

SCÈNE V.

CLIQUET, GRENOUILLARD, FOLLEMBUCHE, *tenant un chien en laisse*, MADAME DE FOLLEMBUCHE; UN ENFANT, *qu'elle tient par la main*, CONSOMMATEURS.

(*Ils entrent par le fond; Grenouillard s'assied contre la table, à droite.*)

CHOEUR (1).

Air de *la Royale Polka.*

Garçons! (*bis.*)
Chauffons!
Servons!
Que tout soit bon!
La pratique,
De manger se pique!
Qu'en ce moment,

1. Cl. F. Mad. F. l'Enf. Gr.

Ce restaurant,
A tout chaland
Offre vraiment
Du restaurant!

FOLLEMBUCHE. Garçon!

CLIQUET. Voilà! voilà!

FOLLEMBUCHE. Ma famille et moi, nous désirons faire un petit extra.

MADAME DE FOLLEMBUCHE. Pas de folies, Follembuche!

FOLLEMBUCHE. C'est ta fête, Arthurine, je me suis promis de la célébrer avec des huîtres.

CLIQUET. Tous ces messieurs en sont?... Si vous voulez passer au salon?...

CHOEUR.

Garçon! (*bis*), etc.

(*Tous entrent à droite, par la première porte, excepté Grenouillard et Cliquet.*)

SCENE VI.

GRENOUILLARD, CLIQUET, *puis* AMINTHE.

GRENOUILLARD, *appelant Cliquet* (1). Pst! pst! pst!

CLIQUET. Monsieur cherche le chien?... Il est entré.

GRENOUILLARD. C'est toi que j'appelle. (*Se levant.*) Petit, j'attends une femme.

CLIQUET. Qu'est-ce qu'il faut vous servir?

GRENOUILLARD. Du homard, un cabinet et du mystère.

CLIQUET. Nous avons le cabinet, nous avons le mystère, mais l'homard manque... il manque l'homard... il est marqué d'un A... Si Monsieur désire des petits pois au sucre, c'est très demandé les jours de premières...

GRENOUILLARD. Non... donne-moi de la morue à la hollandaise.

CLIQUET. Ah! je vois ce que c'est... Monsieur traite une ancienne?

GRENOUILLARD. Oui.

CLIQUET. Alors nous avons le bœuf aux choux, qui est très bien offert dans ces circonstances-là.

GRENOUILLARD. Va pour le bœuf aux choux!...

CLIQUET, *criant au guichet de la cuisine.* Bœuf choux!... un!

UNE VOIX, *répondant.* Baoûu!

AMINTHE, *entrant brusquement par le fond* (2). Garçon, as-tu quarante sous?

CLIQUET. Non, Monsieur... (*Se retournant.*) Tiens, c'est une dame.

AMINTHE. Paie mon sapin.

GRENOUILLARD, *à part.* Voilà une belle femme! (*Haut.*) Quarante sous, les voici, Madame, je les gardais pour mon terme...

(*Il les remet à Cliquet, qui sort par le fond pour payer le fiacre et rentre un instant après, prend des assiettes et des couverts au fond, et sort par la deuxième porte, à droite.*)

AMINTHE, *à part* (1). Ah! c'est un honnête jeune homme! (*Haut.*) Monsieur, à qui ai-je l'honneur?...

GRENOUILLARD, *s'inclinant.* Grenouillard, de la Charente-Inférieure... publiciste.

AMINTHE, *faisant la révérence.* Et moi, Aminthe, de l'Allée des Veuves... touriste. Oh! vous voyez une femme bien émue..... mon cœur bat..... je tremble comme une petite fauvette...

GRENOUILLARD, *avançant la main.* Voyons!..

AMINTHE. Ne touchez pas! J'étais sur la place de la Bastille, occupée à regarder passer les municipaux, lorsque tout à coup un roquet s'approche de moi...

GRENOUILLARD. Un carlin?

AMINTHE. Non... un petit jeune homme avec un petit lorgnon, de petits gants blancs et une petite canne... voilà pourquoi je l'appelle roquet.

GRENOUILLARD. Charmant! le mot est digne du dix-huitième siècle.

AMINTHE. Il ose m'adresser la parole. Moi, semblable à une biche effarée, je file mon nœud... alors ce basset se met à me chasser à voix. Arrivés à la hauteur du théâtre Beaumar...

GRENOUILLARD. Qu'est-ce que c'est que ça?

AMINTHE. Le théâtre Beaumarchais, un trou!.. Je m'arrête pour regarder l'affiche... on donnait relâche.... Ce collégien me prend le coude... je me dis: c'est un enfant, tant que ça n'ira pas plus loin... et je continue; nous touchions aux Délas...

GRENOUILLARD. Les Délas?...

AMINTHE. Les Délassements-Comiques... (*Grenouillard remonte, Aminthe passe à droite* (2). Un autre trou! Tout-à-coup sa main se glisse..... dans ma main... je me dis: c'est un enfant, tant que ça n'ira pas plus loin... et je continue. Cinq minutes après, je me sens pincer.

GRENOUILLARD. Où çà?

AMINTHE. Devant le Gymnase! Je me retourne indignée... et ce moutard me propose... quoi?... de la galette!...

GRENOUILLARD. Quelle brioche!...

AMINTHE. Je me jette dans un fiacre...

Air de *la Permission de dix heures.*

Et mon roquet,
Criquet,
Mon paltoquet,
Comme une huître restait,
Bâillait,
Tandis que le cocher montait.
Sur le ruisseau,

1. Cl. G.
1. Cl. Am. G.

1. Am. Gr.
2. Cl. Am. G.

Mon jeun' sot,
A cheval,
Avait pas mal
L'air de cet animal.
Il se démenait,
Me lorgnait
Comme un benêt;
Il trépignait,
S'éclaboussait!
Ah! j'en ris encor...
L' cocher des ch'vaux presse le mords,
Et l' sapin, d'où j' sors,
En cahotant prend son essor.
Lui, veut suivre à tout prix,
Ouvrant des bras, poussant des cris,
Pour m'attendrir... mais je lui dis,
Voyant son but:
Zut!

Enfin, j'arrive et me voilà!.. je vous dois deux balles!

GRENOUILLARD. Ah! Madame, vous racontez avec une grâce... un charme!.. (*Tout à coup.*) Madame, avez-vous dîné?

AMINTHE. Non.

GRENOUILLARD. Madame, voulez-vous dîner?

AMINTHE. Oui.

GRENOUILLARD. Très bien! (*A part.*) Ma foi, l'autre ne vient pas! (*Haut, en appelant à droite.*) Garçon! garçon!

CLIQUET, *rentrant par la deuxième porte, à droite* (1). Voilà! voilà!

GRENOUILLARD. Des petits pois au sucre!

CLIQUET, *à part, stupéfait.* Déjà! mâtin! (*Haut.*) Le couvert est mis... passez au numéro 7... Monsieur et Madame au numéro 7!

ENSEMBLE.

Air des *Trois paysans.*

GRENOUILLARD.

Ah! quel bonheur!
Vite, à table!
Un vin délectable,
Près de femme aimable,
Rend séducteur!
On la presse,
Et de sa sagesse
On est le vainqueur!

AMINTHE.

Ah! quel bonheur!
Vite, à table!
Repas délectable,
Et convive aimable,
Ça m' pinc' le cœur...
On me presse,
Mais de ma sagesse
On n'est pas vainqueur!

CLIQUET.

Grand séducteur,
Vite, à table!
Repas délectable,
Près de femme aimable,
Oh! quel bonheur!
On la presse,
Et de sa sagesse
On est le vainqueur!

(*Grenouillard et Aminthe sortent par la deuxième porte de droite.*)

1. Am. G. C.

SCÈNE VII.

CLIQUET, *puis* FOLLEMBUCHE, *puis* CHEVILLARD, *ensuite* ROSE ET CREVETTE.

CLIQUET, *seul.* Eh bien! en voilà de l'amour à la vapeur!.. convoi direct!.. train de plaisir!.. Ah çà, si l'autre arrive, l'ancienne... le bœuf aux choux... qu'est-ce que je lui dirai?

FOLLEMBUCHE, *paraissant à droite, première porte* (1). Garçon, nous n'avons pas de fourchettes.

CLIQUET, Voilà! voilà! (*Follembuche disparaît.*) Voyons, qu'est-ce que je lui dirai?.. une idée!.. si je lui offrais des petits pois au sucre pour mon propre compte... dame! pour moi, son ancienne serait une nouvelle... car enfin, qu'est-ce qu'une nouvelle?.. c'est presque toujours l'ancienne d'un autre.

CHEVILLARD, *sortant de la cuisine, en costume de cuisinier.* (2) Ah! me voici équipé. M. Antony n'est pas encore revenu?..

CLIQUET. Non, patron. Dites donc, la consommation va ferme aujourd'hui... les salons sont pleins.

CHEVILLARD. Les salons! ça m'est bien égal... je bous, vois-tu... je suis dans une chaudière... (*Il passe à gauche* (3). Si mon concurrent allait mettre soixante et un mille francs...

(*Rose et Crevette entrent par le fond; Crevette porte une malle et un carton qu'il pose à terre, au fond, à droite.*)

CREVETTE, *à Rose* (4). Attendez ici... vous serez très bien... Ne pleurez donc pas comme ça, mam'selle Rose... la maison est honnête.

ROSE, *pleurant.* Ah! ah! ah!

CHEVILLARD. Qu'est-ce que c'est?.. (*A part.*) Ah! la jolie fille!

CLIQUET, *à part.* Cristi! quel œil!..

CREVETTE, *à part.* Y a de si bon rhum ici.

(*Il passe à droite près de la table.*)

ROSE (1).

Air d'*Aimé Maillard.*

Quel tourment! (*bis.*)

1. Cl. F.
2. Cl. Ch.
3. Ch. Cl.
4. Ch. R. Cr. Cl.
5. Ch. R. Cl. Cr.

Pour me couvrir de son voile,
J' n'ai plus qu' la belle étoile,
Logement
Peu rassurant!
Quelle est ma peine, ma détresse!
Me v'là sur le pavé, c'est sûr...
Et le pavé, pour un' jeunesse,
(*Pleurant.*)
Ah! ah! (*bis*) ah! c'est joliment dur!..

ENSEMBLE.

ROSE.

Quel tourment! etc.

CHEVILLARD ET CLIQUET.

Quel tourment! (*bis.*)
Pour la couvrir de son voile,
Elle n'a qu' la belle étoile,
Logement
Peu rassurant!

ROSE, *pleurant.* Au mois de février... à six heures du soir... ah! ah! ah!

CREVETTE, *qui s'est assis près de la table, à droite.* Gredin de propriétaire!..

(*Il avale un verre de rhum.*)

CHEVILLARD. Comment! on vous a donné congé?

ROSE. Oui, Monsieur... on m'a mise à la porte... avec mes paquets... une malle et un carton... c'est tout ce que j'ai... ah! ah! ah!

CHEVILLARD. Ah! pauvre fille!

(*Il lui embrasse la main droite.*)

CLIQUET. Ça fend le cœur.

(*Il lui embrasse la main gauche.*)

CHEVILLARD. Mais pourquoi vous a-t-on renvoyée?

ROSE, *pleurant.* Je ne sais pas... c'est parce que je devais sept termes...

CLIQUET, *avec indignation.* Oh!

ROSE, *pleurant.* Mais si je dois sept termes... c'est que je ne peux pas les payer...

CLIQUET. Parbleu! pauvre petit agneau!...

(*Il lui embrasse la main gauche.*)

CHEVILLARD. Pauvre petit agneau! (*Il lui embrasse la main droite, à part.*) Vraiment, elle m'intéresse!

(*Il l'embrasse sur le front.*)

CLIQUET, *à part.* Vraiment elle m'intéresse!

(*Il l'embrasse sur le front.*)

CREVETTE. Gredin de propriétaire!

(*Il avale un second verre de rhum.*)

FOLLEMBUCHE, *paraissant à droite, première porte* (1). Garçon, nous n'avons pas de fourchettes!

CLIQUET, *sans se déranger.* Voilà! voilà! (*Follembuche disparaît, à Rose.*) Asseyez-vous là, et nous ne vous mettrons pas à la porte, nous!

1. Ch. R. Cl. Cr. F.

CHEVILLARD, *faisant asseoir Rose près de la table, à gauche* (1). Oh! non... nous vous garderons... nous vous soignerons... nous vous... (*Bas, à Cliquet.*) Ah! elle m'intéresse beaucoup, cette petite.

CLIQUET. Moi aussi!

CREVETTE, *se levant, à Rose.* Moi, pendant ce temps-là, je vais chercher une autre chambre dans le quartier. (*A Cliquet.*) Jeune homme, serrez votre rhum, je ne vous dis que ça.

CLIQUET. La maison est honnête.

ENSEMBLE.

Air : *Oui, c'est bien moi dont l'absence.* (Périnette.)

CREVETTE.

Je vais vous chercher un gîte,
Cessez de vous affliger;
Puis, ici je reviens vite,
Afin d' vous emménager.

ROSE.

Courez me chercher un gîte,
Je ne veux plus m'affliger;
Puis ici revenez vite,
Afin de m'emménager.

CHEVILLARD ET CLIQUET.

Il va vous chercher un gîte,
Cessez de vous affliger;
Et puis il reviendra vite,
Afin d' vous déménager.

(*Crevette sort par le fond.*)

SCÈNE VIII.

CHEVILLARD, ROSE, CLIQUET, *puis* FOLLEMBUCHE.

CHEVILLARD, *regardant Rose assise et qui s'essuie les yeux* (2). Mais est-elle gentille! est-elle gentille!.. (*Cliquet frappe sur l'épaule de Chevillard.*) Hein...

CLIQUET. C'est moi!

CHEVILLARD. Ah! c'est toi!

CLIQUET, *allant à droite.* Ici, bourgeois!.. (*Chevillard s'approche.*) Ah! bourgeois, voilà la femme qu'il nous faudrait.

CHEVILLARD. Qu'il nous faudrait!.. c'est-à-dire, qu'il me faudrait, à moi!

CLIQUET, C'est la même chose. (*A part.*) Ils sont si bêtes, les domestiques!

CHEVILLARD, *à Rose.* Mademoiselle, peut-on vous offrir quelque chose?

CLIQUET, *passant entre Chevillard et Rose* (3). Oui, parlez, ne vous gênez pas... un verre d'eau sucrée?

1. R. Ch. Cl. Cr.
2. R. Ch. Cl.
3. R. Cl. Ch.

CHEVILLARD, *le repoussant.* (1) Tais-toi donc, toi! (*A Rose.*) Un verre d'eau sucrée?..

ROSE. Merci, je n'ai pas soif.

CLIQUET, *même jeu* (2). Un potage ?.. un petit potage?..

CHEVILLARD, *même jeu* (3). Mais tais-toi donc... (*A Rose.*) Un potage?.. un petit potage?..

ROSE. Je veux bien... je suis si malheureuse!

CLIQUET, *vivement, même jeu* (4). Riz, julienne, vermicelle, purée-croûtons?

CHEVILLARD, *le repoussant* (5). Mais tais-toi donc! (*A Rose.*) Riz, julienne, vermicelle, purée-croûtons?

ROSE. Je prendrai une julienne... avec beaucoup de purée.

CLIQUET, *allant au fond prendre une assiette et un couvert.* Vite, une assiette! un couvert!.. une serviette!..

CHEVILLARD, *à part, et l'arrêtant.* Il est insupportable!..

FOLLEMBUCHE, *paraissant à la première porte, à droite* (6). Garcon! nous n'avons pas de fourchettes!

(*Il sort.*)

CLIQUET. Voilà! voilà!

CHEVILLARD (7), *prenant le couvert des mains de Cliquet.* Tu vois, on n'a pas de fourchettes... on t'appelle!... Mais va-t-en donc!

(*Il passe à gauche de l'autre côté de la table et met le couvert.*)

CLIQUET, *à Rose* (8). Je vais presser le potage... Mademoiselle, je reviens... (*Au fond.*) Julienne-purée!... Soignez le potage!...

(*Il entre dans la cuisine.*)

UNE VOIX, *répondant.* Baoûn!

SCENE IX.

CHEVILLARD, ROSE.

ROSE (9), *à Chevillard.* Il a l'air d'un jeune homme bien aimable, monsieur votre patron!

CHEVILLARD. Comment! mon patron! Mais c'est mon domestique! mon gâte-sauces! un rien du tout!... Mon patron!... c'est moi, mon patron!...

ROSE, *se levant.* Ah! Monsieur, c'est vous qui êtes... Je vous demande pardon...

1. R. Ch. Cl.
2. R. Cl. Ch.
3. R. Ch. Cl.
4. R. Cl. Ch.
5. R. Ch. Cl.
6. R. Ch. Cl. F.
7. R. Ch. Cl.
8. Ch. R. Cl.
9. Ch. R.

CHEVILLARD. Mais ça ne fait rien.. Assoyez-vous... ce sont mes chaises, ainsi... (*Rose se rassied.*) Pauvre enfant!... Vous n'avez donc pas de famille?...

ROSE. Si, Monsieur... J'ai un oncle très riche, M. Jacques Patriarche, qui a quatre maisons!...

CHEVILLARD, *à part.* Ah! mon Dieu! dire qu'il y a des gens qui ont quatre maisons...

ROSE. Mais je ne le vois pas, je ne sais pas ce qu'il est devenu.

CHEVILLARD. Et qu'est-ce que vous faites?

ROSE. Je suis fleuriste.

CHEVILLARD. Fleuriste!... Quel joli état!... je dois avoir besoin de fleurs.

ROSE. C'est que je ne suis pas encore bien habile... il n'y a pas longtemps que je travaille... je ne sais faire que des pivoines.

CHEVILLARD. Justement! j'ai besoin de pivoines... c'est ma fleur... Vous m'en ferez un cent... ou deux...

(*Il passe à droite.*)

ROSE (1), *se levant.* Oui, Monsieur. (*A part.*) Il a l'air bien respectable, ce vieux-là!

CHEVILLARD. Ma parole d'honneur! je ne comprends pas comment votre propriétaire a eu le cœur de vous renvoyer.

ROSE. Ça m'a fait de la peine... J'étais habituée à la rue de l'Homme-Armé.

CHEVILLARD. Vous demeurez rue de l'Homme-Armé, où il y a un tourniquet?

ROSE. Numéro 8 bis.

CHEVILLARD. Ciel!

ROSE. Qu'avez-vous donc?

CHEVILLARD. Rien... c'est la joie... le plaisir... Oh! mais soyez tranquille.. si je l'ai... et je l'aurai... J'en ai offert 60...

ROSE, *à part.* Qu'est-ce qu'il a donc?

CHEVILLARD, *à part.* Une petite femme comme ça et une maison, rue de l'Homme-Armé! voilà le bonheur!... Oh! ma foi! je n'y tiens plus!... (*Haut, et tout-à-coup.*) Mademoiselle Rose, j'aurais quelque chose à vous dire...

(*A ce moment, Cliquet, sortant de la cuisine, vient se placer entre Rose et Chevillard, le potage à la main.*)

SCÈNE X.

ROSE, CHEVILLARD, CLIQUET, *puis* ANTONY, *puis* CREVETTE, *ensuite* FOLLEMBUCHE.

CLIQUET, *vivement* (2). Voilà le potage!

CHEVILLARD, *à part.* Que le diable emporte cet animal-là! J'allais me déclarer.

1. R. Ch.
2. R. Cl. Ch.

CLIQUET, *à Rose.* Je l'ai surveillé moi-même... je l'ai inondé de purée...

(*Il met le potage sur la table de gauche.*)

ANTONY, *entrant vivement par le fond* (1). Monsieur Chevillard ! Monsieur Chevillard !

CHEVILLARD. Antony !... Eh bien ?

ANTONY. Victoire ! la maison est à vous !

CHEVILLARD, *tombant sur une chaise.* Ah ! mes amis ! mes amis !

(*Crevette entre par le fond.*)

CLIQUET, *courant à Chevillard* (2). Eh bien ! il se trouve mal !... (*Prenant la bouteille de rhum.*) Un verre de rhum !.. tiens ! il n'y en a plus !

CREVETTE, *à Cliquet.* Je vous le disais bien... à l'air, ça s'évente ! (*A Rose.*) Mademoiselle, je vous ai trouvé une chambre !

CHEVILLARD, *se levant et passant au milieu.* Du tout ! Mademoiselle garde la sienne !

(*Rose se lève et vient à Chevillard.*)

TOUS (3). Comment ?

CHEVILLARD. Dans ma maison ! chez moi !

CREVETTE. Ah ! bah ! Alors, vous êtes mon patron ?

CHEVILLARD. Un peu !

CREVETTE, *à part.* Il a une figure ingrate !

FOLLEMBUCHE (4), *paraissant à droite, première porte.* Garçon, nous n'avons pas de fourchettes, fichtre !

CLIQUET. Un moment ! est-il pressé celui-là !

CRIS, *de tous côtés.* Garçon ! garçon !

SCÈNE XI.

LES MÊMES, GRENOUILLARD, AMINTHE, MADAME DE FOLLEMBUCHE, L'ENFANT, CONSOMMATEURS.

(*Ils entrent par toutes les portes.*)

CHOEUR (5).

Air : *Oui, pour notre fête.* (Turc pris dans une porte.)

Maudit domestique !
Ici la pratique,
Malgré sa supplique,
N' peut rien obtenir !
Le diable l'emporte !
Regagnons la porte !
D'ici que l'on sorte,
On n'y peut tenir !

1, R. Cl. A. Ch.
2. R. Cr. Cl. Ch. A.
3. Cr. R. Ch. Cl. A.
4. Cr. R. Ch. Cl. A. F.
5. Cr. R. Ch. G. Am. Cl. An. F. mad. F. l'Enf., *au deuxième plan.*

TOUS, *criant.* Du pain ! du vin ! du sel ! de la moutarde !

GRENOUILLARD, *fendant la foule.* Je déclare que cette maison est une gargote !

AMINTHE (1), *venant près de Chevillard.* Un boui-boui !

CHEVILLARD. Mais, Madame...

AMINTHE. Je le répète : un boui-boui !

LES CONSOMMATEURS. Oui ! oui !

CHEVILLARD. Ah ! allez au diable !

GRENOUILLARD, *passant près de Chevillard* (2). Mais, gargotier...

CHEVILLARD. Je ne suis plus gargotier !... à partir d'aujourd'hui, 22 février 1848, je suis propriétaire !

TOUS. Ah !...

ENSEMBLE.

Air : *Je n'y puis plus tenir.* (Trois paysans.)

CHEVILLARD.

Depuis quelques instants
Je suis propriétaire !
Voilà ma seule affaire !
Au diable les chalands !

CLIQUET, ANTONY, CREVETTE, ROSE.

Depuis quelques instants,
Il est propriétaire !
C'est bien une autre affaire !
Au diable les chalands !

GRENOUILLARD, AMINTHE, FOLLEMBUCHE, MADAME FOLLEMBUCHE ET LES AUTRES CONSOMMATEURS.

Nous sommes mécontents ;
Soyez propriétaire,
Ce n'est pas notre affaire ;
Mais servez les chalands !

CLIQUET.

J' vas fermer la boutique.

GRENOUILLARD, *à Chevillard.*

Vous perdrez ma pratique...

AMINTHE, *aux autres.*

De ce gargot retirons-nous.

CHEVILLARD.

Je me fiche de vous !

REPRISE DE L'ENSEMBLE.

(*Chevillard jette en l'air son bonnet, son tablier; Cliquet en fait autant; Crevette, dans son coin, avale le potage de Rose, et les consommateurs sortent par le fond. — Le rideau baisse.*

(1) Cr. R. Ch. Am. G. Cl. An. F. mad. F. l'Enf., *au deuxième plan.*
(2) Cr. R. Ch. G. Am. Cl. An. F. mad. F. l'Enf., *au deuxième plan.*

FIN DU PREMIER ACTE.

ACTE DEUXIÈME.

Intérieur d'une cour toute dépavée; au fond, une porte cochère toute ouverte laissant voir la rue; à gauche, au premier plan, l'entrée de la maison; à droite, au premier plan, un passage conduisant à la loge du portier; de chaque côté de la porte cochère un mur recrépi à neuf. — Pavés, bancs, une crémaillère; à droite, avec du feu, un tas de pavés à gauche, à droite est un soupirail de cave tout ouvert faisant face au public.

SCENE PREMIERE.

FOLLEMBUCHE, *en costume de garde national avec des lunettes et un grand col*, TOTO, GARDES NATIONAUX, HOMMES DU PEUPE, *puis* CREVETTE.

(*Au lever du rideau, Toto est sur le tas de pavés, à gauche, Follembuche est au milieu; les autres sont diversement groupés. — Un homme du peuple est en faction à la porte cochère.*)

CHŒUR (1).

Air : *Vive la République!*

Désormais, plus d' tyrans en France!
On dit zut à l'autorité!
Chacun de nous est majesté;
Vive l'indépendance!
Vive la liberté!

CREVETTE (2), *entrant par le fond un journal à la main; il a un sabre, une giberne et un bonnet de police.* Voici des nouvelles! j'apporte des nouvelles!

TOUS, *se rapprochant.* Voyons! voyons!

(*Toto descend du tas de pavés.*)

CREVETTE. Ça vient de paraître! (*Lisant.*) « Aujourd'hui, 25 février... un gouvernement pro-« visoire vient de se constituer à l'Hôtel-de-Ville. « La France sera libre de choisir le gouvernement « qui lui plaira... »

FOLLEMBUCHE. Ah!... »

CREVETTE, *continuant.* « Pourvu que ça soye la République... »

TOUS. Bravo! bravo!

CREVETTE, *continuant.* « Plusieurs généraux, « connus par leur attachement sincère au pou-« voir déchu, se sont empressés d'envoyer leur « adhésion à la République...

(*Il donne le journal à un autre.*)

TOUS. Bravo! bravo!

CREVETTE, *avec émotion.* Ah! les vieux braves seront toujours les vieux braves!... Hein?... mes amis, que d'événements depuis trois jours!...

FOLLEMBUCHE, *tristement.* Ah! oui!

TOTO. C'est la faute aux municipaux! tant pire!

1. T. F.
2. T. Cr. F.

CREVETTE. C'est le propriétaire qui va être étonné à son retour!... il ne se doute de rien, lui... il est tranquillement à Chartres, en train de payer son immeuble. En son absence, j'ai cru pouvoir me permettre de livrer sa maison au peuple, pour y établir un poste de garde nationale et de volontaires.

FOLLEMBUCHE. Les circonstances sont graves; la rue de l'Homme-Armé devait prendre les armes. Monsieur Crevette, le quartier vous remercie.

TOUS. Oui! oui!

CREVETTE. Oui!... mais le propriétaire... je suis sûr qu'il va grogner... il est si vétilleux pour sa maison! Le jour de son départ, ne m'a-t-il pas fait une scène, parce que j'avais craché dans sa cour?

TOTO. En v'là une bourrique!

CREVETTE. Ça n'empêche pas que nous l'avons dépavée sa cour!... (*Riant.*) Et les escaliers donc!... Ah! c'est dégoûtant à voir!

SCENE II.

LES MÊMES, CHEVILLARD, *paraissant dans la rue.*

LE FACTIONNAIRE, *qui garde la porte.* Qui vive?

CHEVILLARD. Pardon, Monsieur, le numéro 8 bis?

LE FACTIONNAIRE. Passez au large!

CHEVILLARD. Mais, Monsieur, c'est ma maison, je me reconnais... je veux rentrer dans ma maison; j'arrive de voyage, et...

LE FACTIONNAIRE, *frappant par terre avec la crosse de son fusil.* Passez au large!

CREVETTE, *se retournant.* Qu'est-ce que c'est?

CHEVILLARD, *l'apercevant.* Ah! mon portier!... Cordon, s'il vous plaît!

CREVETTE. Laissez passer, je connais monsieur.

(*Chevillard entre; il est en costume de voyage; il porte un sac de nuit, un parapluie et un rond pour s'asseoir, passé autour de son bras. — Il descend sans voir personne; Toto est allé s'asseoir près de la cremaillère, à droite, et fume.*)

CHEVILLARD (2). Quelle révolution!..

1. T. Cr. Ch. le Fact. Fol.
2. F. Cr. Ch. T.

Air : *Je loge au quatrième étage.*

Tous les pavés sortis de terre,
Les coups de feu retentissant!
Partout l'image de la guerre,
Et l' front de plus d'un monument
Blessé par un plomb triomphant!
J'ai vu les traces de la foudre,
Qu'a su lancer la nation...
Qui donc, hélas! paye la poudre
Qu'on brûle en révolution?

Enfin, me voilà chez moi!... (*Apercevant les gens du peuple et les gardes nationaux.*) Tiens! (*Il salue.*) Messieurs!... (*Regardant sa cour.*) Ah çà! ah çà! où sont donc mes pavés?... Comment! on a dépavé ma cour?...

CREVETTE, *indiquant le tas de pavés.* Oh! Monsieur, ils sont tous là!... le compte y est... le peuple est honnête!

CHEVILLARD. Eh bien! c'est du joli! c'est du propre!... (*Bas, à Crevette.*) Qu'est-ce que c'est que ces gens-là?

CREVETTE. C'est le poste, Monsieur.

CHEVILLARD. Le poste!...

CREVETTE. Dame! il y avait une boutique à louer.

CHEVILLARD. Une boutique de marchande de modes, et vous m'y flanquez de la soldatesque!... Pouah! ça empoisonne le tabac! (*A Toto, qui crache.*) Mon petit ami, vous serait-il égal de ne pas cracher par terre... prenez votre mouchoir.

TOTO. Connais pas!

CHEVILLARD, *à part.* Il n'a pas de mouchoir... le sans-culotte!... Eh bien! en v'là des pratiques!..

CREVETTE. Monsieur a appris que, pendant son absence, nous avions chassé les tyrans?

CHEVILLARD. Chasser les tyrans! ce n'était pas une raison pour dépaver ma cour!

CREVETTE. Ça faisait plaisir au peuple!

CHEVILLARD. Je ne suis pas chargé de faire plaisir au peuple, moi!.. fallait l'envoyer chez le voisin, ton peuple!

CREVETTE. Eh! Monsieur, c'est un torrent!...

(*Toto a passé à gauche,*)

CHEVILLARD. Je n'ai pas besoin de torrent dans mon immeuble, entendez-vous?... Vous n'êtes qu'un vieux crétin!..

CREVETTE. Mais, Monsieur...

CHEVILLARD. Taisez-vous! (*Regardant autour de lui.*) Quel gâchis! quel désordre!.. une maison que je viens de faire repeindre à neuf.

CREVETTE, *passant à droite* (1). Avec quatre sous d'essence, Monsieur s'en paiera la folie!

CHEVILLARD. Taisez-vous!.., nous allons causer tout à l'heure... (*Avec colère, à Toto, qui crache encore.*) Mais, Monsieur, ne crachez donc pas par terre!.. Ah bien! en voilà des pratiques!

1. F. T. Ch. Cr.

ENSEMBLE.

Air de *Wallon.*

CHEVILLARD.

J'étouffe de fureur!
Oui, le peuple est vainqueur!
De m' prendre pour logeur,
Il me faisait l'honneur!
Il me faisait beaucoup d'honneur!

LES AUTRES.

Rions de sa fureur!
Car le peuple est vainqueur!
De l' prendre pour logeur,
Il lui faisait l'honneur!
Il lui faisait beaucoup d'honneur!

(*Chevillard entre dans la maison, Toto le suit jusqu'à la porte, en lui tirant son rond.*)

SCÈNE III.

LES MÊMES, *moins* CHEVILLARD, *puis* CLIQUET, ROSE, UNE PATROUILLE.

CREVETTE (1). A-t-on jamais vu!.. (*Criant.*) Monsieur, vous insultez le peuple!

LE FACTIONNAIRE, *au fond.* Halte-là! qui vive!

CLIQUET, *en dehors.* Patrouille rentrante!

CREVETTE, *passant à droite.* Oh! la patrouille!

(*La patrouille entre par le fond : Cliquet la commande; il a un casque et un habit de pompier, un grand sabre, d'énormes pistolets et un pantalon de velours.*)

ENSEMBLE.

Air : *Avançons en silence.*

CLIQUET ET LA PATROUILLE, *pendant la marche.*

Emboitez / Emboitons en silence!
Surtout marchez / marchons au pas!
Suivez / Suivons bien l'ordonnance,
Ne vous séparez / nous séparons pas!

LES AUTRES.

Emboitez en silence! etc.

CLIQUET. Halte!.. Présentez armes!. haut armes!.. rompez vos rangs! arche!

(*La patrouille s'ouvre; on aperçoit Rose au milieu, avec un panier au bras.*)

ROSE (2). Ouf! je reviens de la boucherie au pas.

CLIQUET. Dame! en guerre, on escorte les convois!

TOTO, *regardant dans le panier de Rose.* Encore du bœuf!.. toujours du bœuf! merci!

CREVETTE. Silence, moutard!

1. T. F, Cr.
2. F. Cl. R. T. Cr.

TOTO. Tiens! rue des Prouvaires, ils ont un polytechnique et de la volaille!... On trahit le peuple!...

CREVETTE (1). Monsieur Toto, vous sacrifiez aux intérêts matériels!... pouah!

ROSE, *fouillant dans son panier, qu'elle dépose près de la crémaillère.* Allons, bon!.. j'ai oublié du sel... il faut que je retourne...

CLIQUET. *criant.* Quatre hommes et un caporal, pour aller au sel!

CREVETTE. C'est inutile... j'en ai dans ma loge, plus une marmite...

(Il sort à droite, et revient bientôt avec une marmite en fer, qu'il accroche à la crémaillère, et du sel qu'on met à côté du panier. On met la viande dans la marmite et on attise le feu.)

CLIQUET. Passez à notre jolie cantinière... Êtes-vous bonne, êtes-vous gentille, mam'selle Rose, de vouloir bien nous tremper la soupe!...

(Toto va et vient.)

ROSE, *avec un peu de sentiment.* Monsieur Cliquet.

Air :

Hélas! quand la misère,
Loin d'une chambre chère,
Me chassait sans retour;
Qui m'a servie un jour?
Dieu veut qu'il soit d'usage
Qu'un bienfait nous engage...
Potage pour potage!...
C'est aujourd'hui mon tour.

Oh! je ne l'ai pas oublié...

(Elle va près de la marmite.)

CLIQUET, Ah! oui, chez le père Chevillard...

CREVETTE, *descendant à gauche* (2). Ah! dites donc, il est revenu.

CLIQUET. Bravo! ça nous fera du renfort... il prendra le numéro 32.

CREVETTE. Je ne l'ai pas trouvé... démocratique... il a grogné...

ROSE, *qui vient d'arranger la marmite.* Là! maintenant, il me faut du bois.

CLIQUET. Ah! diable! comment faire?

TOTO, *venant au milieu* (3). Brûlons la porte!

(Il court à la porte cochère qu'il secoue.)

CREVETTE, Silence, moutard! respect aux propriétés. *(Toto redescend, aux autres* (4). Dites donc, il y en a une voiture sous la remise.

CLIQUET. Eh bien! voilà notre affaire!

CREVETTE. Oui, mais c'est au propriétaire.

CLIQUET. Puisque c'est pour le poste.

1. F. Cl. T. R. Cr.
2. F. T. Cr. Cl. R.
3. F. Cr. T. Cl. R.
4. F. T. Cr. Cl. R.

CREVETTE. C'est juste!

CLIQUET. Allons, au bois! mes enfants, au bois!

TOUS. Au bois! au bois!

(Crevette passe à droite pour montrer le chemin.)

CHŒUR (1).

Air : *Maris unis.* (Semaine à Londres.)

Au bois! *(bis.)*
Les héros n' sont pas des cruches!
Ça vaut mieux, j' crois,
Que de souffler dans ses doigts!
Voyous,
Pioupious,
Qu'on revienne avec deux bûches!
Ainsi, parfois,
L'on part un, l'on revient trois!

(Une partie des hommes du peuple sort par la droite avec Toto.)

CLIQUET, *embrassant Rose* (2). Houp-là! ah! que c'est gentil les révolutions?

TOTO, *rentrant avec deux petits morceaux de bois, qu'il porte sur chaque épaule* (3). C'est du bois vert! on trahit le peuple.

(Crevette passe à gauche; les hommes du peuple rentrent chargés de bûches, en mettent quelques-unes au feu, et rangent les autres au fond; Cliquet s'est assis à côté de Rose.)

REPRISE DU CHŒUR.

Au bois! etc.

TOTO (4). Sacriti! j'ai plus de tabac!

CREVETTE. Ce crapaud-là est-il embêtant!.. *(A part.)* Je vas le mettre en faction. *(Haut.)* Le numéro 31!

TOTO. présent!

CREVETTE. En faction! *(Toto prend son fusil; — le caporal le pose en faction à la porte cochère. — A Cliquet.)* Avez-vous du caporal, lieutenant?

CLIQUET. Non!

CREVETTE. Moi non plus!

CLIQUET. *se levant.* Alors, v'là le moment de faire une seconde patrouille, pour aller au tabac! *(Criant.)* Allons, citoyens, en patrouille!

CREVETTE, *tirant son sabre.* C'est moi que je la commande!

TOUS, *se mettant en rang.* En patrouille! en patrouille!

UN GARDE NATIONAL, *à Crevette.* Où allons-nous?

CREVETTE. A la Civette!.. par file à gauche!.. marche!..

1. F. Cl. T. R. Cr.
2. F. Cl. R. Cr.
3. F. T. Cl. R. Cr.
4. F. Cr. T. Cl. R.

CHŒUR.

Air : *Avançons en silence.*

Décampons / Décampez en silence !
Marchons / Marchez au petit pas.
Songeons / Songez que la prudence
Veut qu'on n' se sépare pas !

(*La patrouille, commandée par Crevette, sort par le fond.—Cliquet et quelques hommes sortent à leur suite. — Rose et d'autres sortent par la droite. — Il ne reste en scène que Toto, en faction, et un homme endormi sur un banc, au fond, à gauche.*)

SCENE IV.

CHEVILLARD, TOTO, *en faction,* UN HOMME ENDORMI, *puis* CLIQUET, *ensuite* ROSE.

CHEVILLARD, *sortant de la maison en robe de chambre; il a sa casquette de voyage, et porte une toile roulée sous son bras.* Ah! les soudards! ils ont maculé mes escaliers! ils ont fumé jusque dans mon alcôve!.. Enfin, j'ouvre ma toilette... qu'est-ce que j'y trouve?.. une chique. Il y a dans les rues un tas de héros qui chantent :

« Mourir pour la patrie. »

Je les crains... rien ne dégrade comme le héros !.. heureusement, il m'est venu une idée... (*Il déroule sa toile et lit.*) « Propriété nationale, sous la « protection du peuple français. » Il paraît que ça réussit comme paratonnerre.

CLIQUET, *rentrant* (1). Bonjour, patron.

CHEVILLARD. Ah! ah! c'est toi, bon sujet. (*A part.*) Je disais aussi, il doit en être. (*Haut.*) mais, comme te voilà équipé !

CLIQUET. Ah! c'est que je vas vous dire... je suis chef de poste.

CHEVILLARD. Toi ! (*A part.*) Mon gâte-sauces ! (*Haut.*) Et qui est-ce qui t'a nommé ?

CLIQUET. Personne... je m'ai nommé moi-même... En révolution, on se nomme soi-même... Ils sont si bêtes, les domestiques!

CHEVILLARD. Eh bien ! puisque tu es le chef du poste, va m'accrocher ça en dehors, bien en vue.

(*Il lui donne l'écriteau.*)

CLIQUET. Voilà ! voilà !

(*Il sort par le fond avec l'écriteau.*)

SCENE V.

CHEVILLARD, TOTO, *en faction,* L'HOMME ENDORMI, *puis* ROSE, *ensuite* CLIQUET.

CHEVILLARD, *à lui-même.* Il est joli son poste ! (*Rose rentre par la droite ; elle tient un soufflet, s'assied sur un pavé à côté de la crémaillère, en tournant le dos à Chevillard, et souffle le feu* (1). Ah ! si je pouvais... j'en prendrais un fouet... de poste !... et je te vous les flanquerais à la porte !... (*Se retournant et voyant le feu.*) Qu'est-ce que c'est que ça ?... (*Brusquement, à Rose, sans la reconnaître.*) Qui est-ce qui s'est permis d'allumer du feu dans ma cour ?...

ROSE, *effrayée, se levant.* Oh ! ne vous fâchez pas, Monsieur, c'est moi... (*A part.*) Dieu ! qu'il a l'air méchant !...

CHEVILLARD. Tiens, mam'selle Rose!... Vous allez bien, mam'selle Rose ?... (*A part.*) Elle est toujours gentille... Les femmes ne perdent pas aux révolutions...(*Regardant autour de lui.*) Ce n'est pas comme les maisons. (*Haut.*) Du moment que c'est vous, il n'y a pas de mal, mam'selle Rose... (*Avec explosion, examinant le feu de plus près.*) Mais, c'est mon bois, ça !... je le reconnais ! on brûle mon bois ! (*Allant à l'homme endormi, un morceau de bois à la main.*) Monsieur, on brûle mon bois.

(*L'homme fait entendre un ronflement sonore. — Chevillard s'éloigne de lui.*)

ROSE. Je vais vous dire... il n'y en avait pas d'autre...

CHEVILLARD. La belle raison !

ROSE. C'est la première fois... Hier, on a brûlé le tourniquet...

CHEVILLARD. Le tourniquet de la rue de l'Homme-Armé !... le dernier des tourniquets !... Les vandales ne respectent rien !

ROSE. Alors le père Crevette nous a autorisés...

CHEVILLARD. Le père Crevette est un vieux gueux !... un animal, que je chasserai !

ROSE, *à part.* Oh ! le vilain homme! (*Haut, en allant vers le feu.*) C'est bien, Monsieur, on va l'éteindre, votre bois.

CHEVILLARD. Je l'espère bien ! (*Se radoucissant.*) Après ça vous avez peut-être froid... il ne fait pas chaud dans cette cour... Allons, puisqu'il y est... seulement, ménagez-le...

(*Il retire deux morceaux de bois qu'il met dans les poches de sa robe de chambre.*)

ROSE, *à part.* Ménagez-le !... Tient-il à ses bûches !

(*Elle découvre la marmite.*)

CHEVILLARD, *regardant.* Du bouillon gras!... Ces gaillards-là ne se refusent rien... enfin !... puisqu'il est fait par vous, j'en mangerai.

ROSE, *à part.* Cette grâce qu'il me fait !

(*Elle écume la marmite.*)

CHEVILLARD, *ramassant un pavé, à gauche, et descendant sur l'avant-scène avec le pavé dans ses bras ; à part, tout en regardant Rose.* Quel amour de petite locataire !... Et comme elle écume bien le pot-au-feu !... à Chartres, son image

1. Cl. Ch.

1. Ch. R.

m'a suivi partout... même dans la cathédrale !... J'en étais honteux... pour la cathédrale !... ah ! ça ferait une bien bonne petite femme, pour un homme entre deux âges !... Comme ça m'irait à moi qui suis entre deux âges !... *(Il pose son pavé sur un autre et s'assied dessus en face de Rose.)* Mam'selle Rose.

ROSE. Monsieur ?...

CHEVILLARD. On est bien comme ça auprès du feu... et de vous !... parce que près de vous... même sans feu... on n'aurait pas froid !...

(Il lui fait des agaceries.)

ROSE, *à part.* Tiens, tiens, le vieux !

TOTO, *qui a remarqué ce mouvement* (1), *au fond.* Lieutenant, faut appeler les pompiers !... ça chauffe là-bas !

(Il indique Chevillard et Rose à Cliquet qui rentre par le fond.)

CHEVILLARD (2), *à part.* Ma foi, je n'y tiens plus ! *(Haut, avec sentiment.)* Mam'selle Rose, j'aurais quelque chose à vous dire...

CLIQUET, *qui a tiré de sa ceinture la feuille de service, frappant avec son sabre sur la casquette de Chevillard.* Numéro 32 ! en faction !... allons ! allons ! patron, ne flânons pas !

CHEVILLARD. Qu'est-ce que tu me veux, toi ?

CLIQUET. En faction ! numéro 32, c'est votre tour.

CHEVILLARD. Veux-tu me laisser tranquille !... j'ai passé la nuit... et puis, je ne suis pas de garde.

CLIQUET. Bourgeois, il y a des circonstances où toute la France est de garde !

CHEVILLARD, *se levant.* Mais j'arrive de Chartres, que diable !... J'étais à Chartres !... et toute la France n'était pas à Chartres... malheureusement.

TOTO, *descendant à droite* (3). Il ne veut pas monter ?... faut le fusiller !...

(Il le couche en joue ; Rose abaisse le fusil.)

CHEVILLARD, *effrayé.* Hein ?

ENSEMBLE, *excepté Chevillard.*

Air : *Allons, partons !* (Semaine à Londres.)

Allons, *(bis)* patron, *(bis.)*
En faction ! *(ter.)*

CHEVILLARD, *furieux.*

Cliquet, que le diable t'emporte ! *(bis.)*

(Cliquet remonte pour parler au caporal, qui a paru au fond.)

TOTO, *passant près de Chevillard, et lui mettant son fusil dans les mains* (4).

Portez arm's !

CHEVILLARD, *exécutant le mouvement de mauvaise humeur, à part.*

Ils prétendent, les garnements,
Qu'ils ont renvoyé les tyrans ! *(bis.)*
Peut-on nous tromper de la sorte ! *(bis.)*

LE CAPORAL, *redescendant avec Cliquet. Parlé.* En faction !

CLIQUET, TOTO, ROSE, LE CAPORAL.

Allons, *(bis)* patron, *(bis.)*
En faction ! *(ter.)*

(Le caporal pose Chevillard en faction à la porte cochère et sort par le fond. — Rose s'est assise près de la marmite.)

CLIQUET, *à Chevillard* (2). Patron, c'est aujourd'hui la Saint-Lambert. Qui quitte sa place la perd. *(Il vient s'asseoir en face de Rose, à la place qu'occupait Chevillard* (3). Houp-là !

(Il embrasse Rose.)

ROSE. Finissez donc !

CHEVILLARD, *à part.* Il l'a embrassée !.. goujat !..

CLIQUET, *se prélassant devant le feu.* Ah ! que c'est donc gentil, les révolutions !..

CHEVILLARD, *à part.* Oui, au coin du feu, mais pas en faction... *(Grelotant.)* Brrr ! brrr !... *(Cliquet lutine encore Rose, qui passe à gauche ; il la suit. Chevillard s'arrête alors devant Toto, qui barbouille le mur de droite avec du charbon.)* (4) Qu'est-ce que vous faites donc là, vous ?

TOTO. Moi, je fais votre charge.

CHEVILLARD. Ma charge ? voulez-vous bien finir ! Un mur tout neuf !... *(Croisant la baïonnette.)* Passez au large !..

(Toto se sauve. Chevillard essuie son mur avec un pan de sa robe de chambre.)

SCENE VI.

LES MÊMES, CREVETTE, *puis* LA PATROUILLE, GARDES NATIONAUX, HOMMES DU PEUPLE.

CREVETTE, *paraissant au fond* (5). Factionnaire ! factionnaire !

CHEVILLARD. Qu'est-ce que vous me voulez ?

CREVETTE. Criez donc qui vive, nom d'un chien !

CHEVILLARD. Pourquoi faire ?

CREVETTE. C'est la patrouille qui rentre ! *(Il sort un moment.)*

CHEVILLARD. Eh bien !.. je ne peux pas l'empêcher de rentrer !.. *(A part.)* Sans ça...

CREVETTE, *en dehors.* Allons, Messieurs, en rang et de la tenue... Marche ! *(La patrouille fait son entrée, Crevette en tête. Ils ont tous la pipe à la bouche et un paquet de tabac au bout de la baïonnette.— Les autres rentrent par le fond et par la droite.)*

1. T. Ch. R.
2. Cl. Ch. R. T., *au fond.*
3. Cl. Ch. R. T.
4. Ch. T. R. Cl., *au fond.*

1. Cl. Ch. le Cap. T. R.
2. Cl. Ch. R. T.
3. Ch. Cl. R. T.
4. R. Cl. Ch. T.
5. R. Cl. T. Cr. Ch.

CHOEUR.

Air : *A l'appel prêts à répondre* (Semaine à Londres.)

Amis, après la victoire,
On n' doit rien se refuser.
On doit savoir que la gloire
Ne peut pas s' passer d' fumer.

(*La patrouille, pendant ce chœur, est venue se ranger sur l'avant-scène, à droite.*)

CREVETTE (1). Halte!.. front!.. à droite, alignement!.. fixe!.. Reposez vos armes!.. (*Avec orgueil.*) Hein! comme ça marche!..

CHEVILLARD. Et comme ça fume!

TOTO. Voilà une patrouille culotée!..

CLIQUET, *passant près de la patrouille* (2). Plus que ça de tabac!.. Père Crevette, vous avez fait des folies!..

CREVETTE. Non, j'ai fait un bon!..

ROSE, *descendant au milieu* (3). Messieurs, la soupe est prête!..

TOUS. A table! à table!.. (*On apporte un banc que l'on place au milieu sur l'avant-scène; on met une gamelle dessus; sont assis sur ce banc : Rose, Cliquet et Crevette, ayant la gamelle entre eux : Toto est à genoux par terre, à côté de Crevette. — Les autres forment deux groupes au fond, l'un à droite, l'autre à gauche, et mangent aussi dans des gamelles. — Tous ces mouvements s'exécutent pendant le chœur suivant.*)

CHOEUR.

Air : *Sonnerie de la soupe.*

A la soupe (*ter.*)
Courons tous vivement!
A la soupe (*six fois.*)
Trempé par le gouvernement.

(*Ils mangent tous.*)

CREVETTE. Mâtin! la bonne potage!..

CHEVILLARD, *s'avançant* (5). Je vous demanderai un bouillon...

CLIQUET. On ne mange pas en faction!

CREVETTE. C'est la table des officiers.

CHEVILLARD. Ah! pardon! (*Il retourne à sa faction.*)

CLIQUET (6). Mais il nous manque quelqu'un?

CREVETTE Ah! oui, ce pauvre monsieur Antony, le clerc de notaire!

CLIQUET. On n'en a toujours pas de nouvelles?

CREVETTE. Non, disparu!... Il aimait trop la réforme, c'est ce qui l'a tué.

1. Cl. Ch. Cr. F. T. R., *au fond.*
2. Ch. Cr. Cl. F. T. R., *au fond.*
3. Cr. Cl. R. F. T. Ch., *au fond.*
4. R. Cl. T. Cr. Ch., *au fond.*
5. R. Cl. Ch. T. Cr.
6. R Cl. T. Cr. Ch., *au fond.*

SCÈNE VII.

LES MÊMES, ANTONY.

ANTONY, *passant sa tête par le soupirail de la cave, à droite* (1). Pst! pst! eh! là-bas!

TOUS, *se retournant.* Monsieur Antony!

ANTONY. Eh bien! qui est-ce qui a le dessus? qu'est-ce qu'on crie?

CLIQUET, *se levant.* Vous n'êtes pas mort?... Qu'est-ce que vous faites là-dedans?

ANTONY. Je mets du vin en bouteille depuis trois jours.

TOTO, *se levant, ainsi que les autres* (2). Du vin, le peuple en manque... passez-nous-en.

TOUS. Oui! oui! (*On range les bancs et les gamelles.*)

CHEVILLARD, *descendant* (3). Permettez, Messieurs, c'est ma cave.

CLIQUET. On ne parle pas en faction.

CHEVILLARD, *passant entre Follembuche et Toto* (4). Et puis je dois vous prévenir qu'il n'est pas collé.

TOTO. On se le collera. (*A Antony.*) Passez les fioles!

ANTONY. Ça y est-il?

CHEVILLARD, *revenant*(5). Messieurs, je m'oppose formellement...

CLIQUET. On ne quitte pas la faction.

CHEVILLARD. Arrêtez! c'est du quarante-six!.... (*On le repousse au fond.*)

CREVETTE. En route les bouteilles! (*Tous forment une chaîne sur deux rangs, et pendant le cœur suivant, Antony passe les bouteilles à Toto, qui les remet à Crevette et ainsi de suite de main en main. Chevillard, au fond, se désespère.*)

CHOEUR (6).

Air de *la Chaise brisée.*

Allons, passe sans peur
Chacun une bouteille;
Une lutte pareille
Altère le vainqueur.

CLIQUET, *tenant sa bouteille.*

De cette douce chaîne,
Qui gaîment nous enchaîne,
En son charmant réseau,
Sans eau,
Avalons chaque anneau.

CHOEUR.

Allons, passe sans peur, etc.

CLIQUET. A la santé de nos frères!

1. R. Cl. T. Cr. A. Ch., *au fond.*
2. R. Cl. Cr. T. A. Ch., *au fond.*
3. R. Cl. Ch. Cr. F. T. A.
4. R. Cl. Cr. F. Ch. T. A.
5. R. Cl. Ch. Cr. F. T. A.
6. Trois hommes. R. Cl. F. deux hommes. Cr. T. A.

TOUS. A la santé de nos frères! (*Ils boivent tous à même les bouteilles. Antony est sorti de la cave.*)

SCÈNE VIII.

LES MÊMES, GRENOUILLARD. (*Il a un sabre, des pistolets, et un brassard tricolore.*)

GRENOUILLARD, *entrant par le fond, et venant se placer au milieu en frappant la terre de son sabre* (1). Aux armes! citoyens! aux armes!

CREVETTE, *faisant un bond.* Sapristi! j'ai avalé de travers.

TOUS. Moi aussi! (*Une quinte s'empare du poste; tout le monde tousse.*)

CHEVILLARD, *descendant et remettant son fusil à Grenouillard* (2). Voilà!

GRENOUILLARD, *étonné.* Qu'est-ce que c'est que ça?

CHEVILLARD. Vous avez dit aux armes! (*Il passe à gauche.*)

CLIQUET, *achevant de tousser* (3). Ah! que ça fait mal!.. (*A Grenouillard.*) Que voulez-vous? qui êtes-vous?

GRENOUILLARD. Grenouillard, de la Charente-Inférieure, publiciste. J'arrive de l'Hôtel-de-Ville! On demande quinze hommes de bonne volonté... (*Tous s'approchent.*)

CLIQUET. Pourquoi faire?

GRENOUILLARD. Pour aller prendre Vincennes.

TOUS, *reculant.* Diable!

ANTONY, *à part.* J'ai envie d'aller remettre du vin en bouteille, moi!

CHEVILLARD. Comment! vous hésitez!.. des héros! Allons, en route! en route!.. (*A part.*) Ça en fera quinze de moins... Si on pouvait leur fiche une râclée!..

FOLLEMBUCHE, *monté sur un banc.* Citoyens, nous devons conserver notre attitude révolutionnaire.

TOUS. Oui... oui!..

FOLLEMBUCHE. Mais chez nous, dans nos boutiques!

TOUS, *plus fort.* Oui! oui! (*Follembuche descend du banc.*)

GRENOUILLARD. Vous ne savez donc pas la nouvelle? (*Tous se rapprochent de lui.*) On dit que les troupes doivent tenter de rentrer cette nuit dans Paris...

CHEVILLARD, *passant entre Cliquet et Grenouillard* (4.) Alors peut-être qu'une capitulation honorable... et sans condition...

1. R. Cl. Gr. Cr. T. A. Ch., *au fond.*
2. R. Cl. Gr. Ch. A. T. A.
3. Ch. F. Cl. Gr. Cr. T. A. R.
4. F. T. Cl. Ch. Cr. Cr. R. A.

CLIQUET. Capituler! jamais!

CHEVILLARD. Cependant, Messieurs, si on allait bombarder la rue de l'Homme-Armé?

CLIQUET. Eh bien! qu'est-ce que ça nous fait!

CHEVILLARD. Il est charmant! il n'a pas de maison, lui!

CREVETTE, *monté sur une pierre.* Messieurs, nous sommes mal ici!

CHEVILLARD, *passant près de lui* (1). Ça c'est bien vrai!

CREVETTE, *descendant.* Je vois bien une porte pour entrer, mais je n'en vois pas pour se...

CHEVILLARD. Pour se sauver... s'il avait envie de se sauver, il n'en voit pas!.. Il a raison!

CREVETTE. Eh bien! je propose d'en ouvrir une!

CHEVILLARD, *effrayé.* Ouvrir une porte!.. où ça?..

CREVETTE, *montrant le mur de droite.* Dans ce mur!

CHEVILLARD. Veux-tu te taire!

TOUS. Oui, oui, abattons! (*Ils s'arment de bûches, de pioches et de barres de fer.*)

CHEVILLARD. Arrêtez! mais c'est ma maison! c'est mon mur!

GRENOUILLARD, *l'arrêtant avec dignité* (2). En révolution, Monsieur, qu'est-ce qu'un monument?

TOUS. Oui! oui! abattons! (*Une partie des hommes travaille avec ardeur à abattre le mur; l'autre partie sort avec Cliquet par la droite.*)

CHEVILLARD. Mon pauvre mur! Ces gens-là n'ont aucun sentiment de la propriété!

VOIX, *en dehors.* Des lampions! des lampions!

CREVETTE, *quittant le mur* (3). Ah! c'est juste! (*Il allume un rat de cave.*)

CHEVILLARD. Qu'est-ce que tu vas encore faire?

CREVETTE. Je vais illuminer... depuis trois jours c'est l'usage de la maison... Oh! Monsieur verra les notes!..

VOIX, *en dehors.* Des lampions! des lampions! (*On a disposé une grande échelle en dehors devant un battant de la porte-cochère.*)

CREVETTE, *remettant son rat à Chevillard.* Allumez vous-même... Je crois que ça fera plaisir au peuple. (*Chevillard va au fond, le rat à la main, et monte à l'échelle pendant le chœur suivant.*)

CHOEUR.

Air connu.

Des lampions! (*bis.*)
Il en faut! nous en voulons!
Des lampions! (*bis.*)
C'est l' lustr' des révolutions!

1. F. Cl. Gr. Ch. Cr. A. R.
2. Cl. Ch. Gr. R. *Les autres au fond, près du mur.*
3. Ch. Cr. R. *Les autres, au mur.*

CHEVILLARD, *paraissant au dessus de la porte-cochère, au moment où un pan de mur s'écroule.* Patatras! et il faut que j'illumine!..

Air : *Je loge au quatrième étage.*

Ma cour, hélas! est dépavée,
Je vois mon mur tout pourfendu...
Et si la patrie est sauvée,
J'en demeure ici confondu,
Mais mon pauvre immeuble est perdu!
Pour moi, c'est comme un coup de foudre,
La ruine, la perdition!
Je vois trop qui paie la poudre
Qu'on brûle en révolution!

(Cliquet et les hommes qui étaient sortis sont rentrés par la brèche (1). *Chevillard allume les lampions pendant la reprise du chœur.)*

CHOEUR.

Des lampions, etc.

(Une partie des hommes s'est mise en rang et en armes, et se dirige vers le fond, sous la conduite de Crevette. Antony rentre dans la cave. Le rideau baisse.)

1. Cr. Gr. Ch. Cl. R. A.

FIN DU DEUXIÈME ACTE.

ACTE TROISIÈME.

Le théâtre représente un salon garni de meubles de différentes façons; à droite, un canapé; à gauche, une table avec papiers, plumes et encre. — Au fond, à droite, un petit guéridon; sur ce guéridon une pipe culotée, un plateau avec une bouteille et deux verres; à côté de la table, à gauche, une chaise, un fauteuil. — Portes au fond et à droite.

SCENE PREMIERE.

CLIQUET, *puis* ROSE.

(Cliquet, en grande livrée trop large pour lui, dort les mains dans ses poches, étendu sur le canapé. — On sonne deux fois.)

CLIQUET, *seul, se réveillant en sursaut.* Quatre beffteacks pommes!.. voilà!.. Eh bien! qu'est-ce que je fais donc?.. je me croyais encore dans la gargotte du père Chevillard... *(On sonne de nouveau. — Se levant.)* Entrez! *(Rose passe sa tête à la porte de fond.)*

ROSE (1). Etes-vous seul?

CLIQUET. Mam'selle Rose!.. entrez! *(Elle entre.)* Nous serons trois... vous, l'amour et moi! *(A part.)* Tiens! je fais des vers!

ROSE, *à part.* Est-il aimable, cet être-là!..

CLIQUET, *montrant le canapé.* Asseyez-vous, Mam'selle.

ROSE. Comment! là-dessus?

CLIQUET. Ne vous gênez pas. *(Rose s'assied, et Cliquet se met à côté d'elle* (2)*.* Qu'est-ce qui vous amène?

ROSE. Je viens vous inviter à une matinée dansante pour aujourd'hui.

CLIQUET. Où ça?

ROSE, *montrant le plafond.* Là, au-dessus, chez mes voisines...

CLIQUET. Les culotières!

ROSE. Vous savez qu'elles se sont unies avec les chemisières...

CLIQUET. Au fait, ces deux corps d'état se touchent de si près.

1. R. Cl.
2. Cl. R.

ROSE. Et comme l'ouvrage ne va pas, la société...

CLIQUET. Donne un bal.

ROSE. Il faut bien s'occuper... on commencera à midi.

CLIQUET. Comptez sur moi.

ROSE. J'en étais bien sûre!.. ces demoiselles prétendaient que votre nouvelle position vous avait rendu fier.

CLIQUET. Par exemple!

ROSE. Dame! domestique d'un grand personnage!..

CLIQUET, *avec dignité.* Je suis domestique, c'est vrai... mais je n'oublierai jamais que je suis sorti du peuple! *(Il se lève ainsi que Rose.)*

Air : *Adieu, je vous fuis, bois charmant.*

N'y a plus d' faveur, c'est convenu;
Pour le talent seul on se pince...
Par mon mérite parvenu,
Moi, cependant, je suis bon prince :
Egalité, fraternité,
Voilà ma touchante devise;
Et j'adore la liberté...
Chez les ouvrièr's en chemise.

ROSE. Ainsi, vous viendrez?

CLIQUET. Et nous danserons... préparez vos jolies jambes... qui sont si bien faites!

ROSE. Comment le savez-vous, Monsieur?

CLIQUET. C'est mon secret... Rose, elles sont gravées là en caractères de feu!.. Hier, dans l'escalier, vous montiez devant moi... et... ils sont si bêtes, les domestiques!

ROSE, *vivement.* Par exemple! Ah! Monsieur, je n'aime pas ça.

CLIQUET. Puisque nous devons nous marier...

ROSE. Ah! oui!

CLIQUET. Mais il y une chose qui me taquine... je suis jaloux!

ROSE. Ah! bah! et de qui donc?

CLIQUET. Du propriétaire.

ROSE. Le propriétaire!.. allons donc!.. qu'est-ce que c'est qu'un propriétaire aujourd'hui?

CLIQUET C'est un homme qui a une propriété.

ROSE. Ah bien! le journal que vous m'avez prêté les arrange bien!.. il les traite de gueux, de brigands, de voleurs...

CLIQUET. Oui, il est assez bien écrit, le drôle... mais ça n'empêche pas le père Chevillard de vous faire l'œil... ce matin encore je l'ai entendu qui vous disait: Mam'selle Rose: j'aurais quelque chose à vous dire!..

ROSE. Je crois bien c'est aujourd'hui le terme... aussi je me suis sauvée!..

CLIQUET. Si c'est là votre motif, il est honorable.

ROSE. D'ailleurs, M. Chevillard est riche et il ne voudrait jamais épouser une pauvre fille comme moi... et quand même il le voudrait, je refuserais...

CLIQUET. Comment?

ROSE. Un homme auquel je devrais tout, qui pourrait me le reprocher plus tard!.. non, non, pas de ça!.. tandis que vous, vous n'avez rien, moi non plus... alors, ça peut aller.

CLIQUET, *à part*. Ça irait encore mieux, si elle avait quelque petite chose.

SCENE II.

LES MÊMES, CHEVILLARD.

CHEVILLARD, *paraissant à la porte du fond, en dehors* (1). Peut-on entrer?

CLIQUET, *à lui-même*. Mon rival! (*Haut, brusquement, et passant à droite.*) Essuyez vos pieds.

CHEVILLARD (2). Ah! c'est joli!.. essuyez vos pieds!.. il n'y a pas de paillasson!.. (*Descendant et apercevant Rose.*) Mam'selle Rose!.. vous allez bien, mam'selle Rose?..

ROSE. Merci, Monsieur.

CHEVILLARD, *à part*. Est-elle gentille!

CLIQUET, *à Chevillard*. Peut-on savoir?..

CHEVILLARD. Tout à l'heure, mon bon ami. (*A Rose.*) Si vous saviez comme je suis heureux... comme je suis content... et, rien que de vous voir passer, ça me...

ROSE. Certainement, Monsieur... vous êtes trop bon.. et de mon côté...

CHEVILLARD. Ah! Mademoiselle...

ROSE, *voulant sortir*. Pardon...

1. R. Cl. Ch.
2. R. Ch. Cl.

CHEVILLARD, *la retenant*.

Air : *Les désirs d'une femme*. (Impressions de ménage.)

Eh quoi! Mademoiselle,
Vous nous quittez déjà?

CLIQUET, *faisant des signes à Rose*.

Je crois qu'on vous appelle...
Écoutez donc par là.

ROSE, *passant au milieu et remontant, à Chevillard* (1).

Souffrez que je m'absente,
Je reviendrai sous peu.
Monsieur, votre servante...
J'ai mon lait sur le feu!

ENSEMBLE.

ROSE.

Souffrez que je m'absente.
(*A part.*) Mais je crois, en ce jour,
Qu'il me trouve charmante
Et qu'il m'aime d'amour.

CLIQUET, *à part*.

Il la trouve charmante,
Et je vois en ce jour
Qu'à chaque instant s'augmente
Pour elle son amour.

CHEVILLARD, *à part*.

Vraiment elle est charmante,
Et je sens en ce jour
Qu'à chaque instant s'augmente
Pour elle mon amour.

(*Rose sort par le fond.*)

SCENE III.

CHEVILLARD, CLIQUET.

CHEVILLARD, *à part* (2). Quel dommage que son lait soit sur le feu!.. J'avais quelque chose à lui dire.

CLIQUET, *qui a reconduit Rose jusqu'au fond, redescendant*. Ah çà! qu'est-ce qui nous procure l'honneur de votre visite?

CHEVILLARD. Je viens pour la petite quittance... c'est aujourd'hui le 15... un beau jour!

CLIQUET. Oui, pour les propriétaires. (*Il s'assied contre la table, à gauche.*)

CHEVILLARD. Je vous conseille de vous plaindre! Mais, vous autres locataires, vous avez de l'agrément toute l'année... tandis que moi, je n'en ai que tous les trois mois... J'en ai quatre fois par an, de l'agrément, et ce n'est pas assez. (*Il tire de sa poche une longue sacoche.*)

CLIQUET. Qu'est-ce que c'est que ça?

CHEVILLARD. C'est mon sac... c'est là-dedans que je fourre mon agrément... quand j'en ai...

1. Ch. R. Cl.
2. Cl. Ch.

(*Présentant un papier à Cliquet.*) Voici la petite quittance...

CLIQUET. Attendez... Monsieur n'est pas encore levé.

CHEVILLARD. Comment! Est-ce que tu crois qu'il daignerait me payer lui-même... de ses propres mains ?..

CLIQUET. Pourquoi pas?

CHEVILLARD. Eh bien! entre nous, sans y compter, je l'espérais... c'est même pour ça que j'ai mis une cravate blanche... Dame! un ministre! car je loge un ministre... et de la République encore!..

CLIQUET. Il ne l'est plus.

CHEVILLARD. Non, mais il l'a été!.. pas longtemps, par exemple!..

CLIQUET. Trois jours vingt minutes!

CHEVILLARD. Écoute donc... chacun son tour... Ça l'ennuyait peut-être?..

CLIQUET. Oui, des raisons de santé... (*A part.*) Il nous ont fichu à la porte.

CHEVILLARD. Oh! tu as joliment fait ton chemin, toi!..

CLIQUET, *à part*. Il me *tuteye*.., ça m'est pénible...

CHEVILLARD. Es-tu heureux!.. tu le vois tous les jours... moi qui n'ai jamais vu de ministre!... (*S'approchant de Cliquet, sa tabatière à la main.*) Qu'est-ce qu'il dit?.. Hein?.. Croit-il que les loyers vont remonter ?

CLIQUET, *tout en massant une prise dans la tabatière de Chevillard.* Mon cher Chevillard, vous devriez bien perdre l'habitude de me *tuteyer*..... (*Il se lève et passe à droite.*) Vous comprenez... ma nouvelle position.,.

CHEVILLARD (1). Comment donc! mon garçon, mais, du moment que ça te fait plaisir, je ne te tutoierai plus... Tiens! je ne te tutoie plus... Voulez-vous me permettre de m'asseoir?..

CLIQUET. Volontiers.

CHEVILLARD, *à part, en s'asseyant à gauche.* Mon gâte-sauces qui est devenu un aristo. Ce que c'est que la démocratie!..

CLIQUET, *regardant à droite.* Attention!.. voici Monsieur!..

CHEVILLARD, *se levant vivement.* Oh!.... (*Grenouillard entre par la droite; il a une robe de chambre à grands ramages, des manchettes, un jabot, un mouchoir brodé à la main, et une énorme liasse de papiers sous le bras.*)

SCÈNE IV.

LES MÊMES, GRENOUILLARD.

CHEVILLARD, *saluant profondément*(2). Monsieur, je vous prie d'agréer l'assurance de la parfaite considération avec laquelle j'ai l'honneur d'être, de Votre Excellence, le très humble et très obéissant serviteur.

GRENOUILLARD, *bas, à Cliquet.* Qu'est-ce que c'est que ça?..

CLIQUET, *bas.* Le propriétaire... pour le terme.

GRENOUILLARD, *bas.* Je n'y suis pas.

CHEVILLARD. Monsieur le ministre, je vous demande pardon, si... (*A part.*) Dieu! que je suis ému!.. (*Haut.*) Si... c'est moi... Je viens pour la petite quittance...

GRENOUILLARD. Ah! très bien! très bien!

CHEVILLARD, *à part.* Tiens! je connais cette boule-là!

GRENOUILLARD, *parcourant ses papiers.* Asseyez-vous.

CHEVILLARD. Ah! je sais trop ce que je dois...

GRENOUILLARD. Figurez-vous, mon cher... que je me suis aperçu ce matin que j'étais littéralement sans le sou...

CHEVILLARD, *riant.* Vraiment?.. Ah! elle est bien bonne!

GRENOUILLARD. N'est-ce pas?..

CHEVILLARD, *riant.* Un ministre sans le sou!.. (*A part*) Il est plein d'esprit!..

GRENOUILLARD. Alors j'ai prié madame Grenouillard, de la Charente-Inférieure, de pousser jusqu'au Trésor...

CHEVILLARD. Oh! ça ne presse pas... (*A part.*) Quel locataire!.. Quand il n'a plus le sou, il prie madame Grenouillard, de la Charente-Inférieure, de pousser jusqu'au Trésor, et... Il est plein d'esprit!..

GRENOUILLARD. Cliquet!...

CLIQUET. Monsieur?..

GRENOUILLARD. Donnez donc un verre de vin à ce brave homme.

CHEVILLARD. Non, merci, je viens de prendre mon café au lait...

GRENOUILLARD. Si, si, je le veux. (*Il s'assied sur le canapé et continue à parcourir ses papiers.*)

CHEVILLARD. Alors, c'est pour vous obéir. (*Cliquet apporte sur le devant le petit guéridon où sont les verres et la bouteille* (1). *(A part.)* Et puis je suis curieux de goûter... je suis sûr que c'est du vin des Tuileries... ils ont dû faire leur petite provision... (*Voyant Cliquet remplir deux verres.*) Deux verres!.. est-ce qu'il voudrait trinquer avec moi?.. Oh! ce n'est pas sous la monarchie qu'un ministre... (*Il prend un verre.*)

CLIQUET, *qui a pris l'autre verre, trinquant avec lui.* A la vôtre, brave homme!

CHEVILLARD, *à part.* Je me suis trompé... c'était pour le domestique... (*Il boit et fait une horrible grimace.*) Cré nom!.. Je me suis trompé... ce n'est pas du vin des Tuileries!..

GRENOUILLARD. Quoi donc?

1. Ch. Cl.
2. Ch. G. Cl.

1. Ch. Cl. G.

CHEVILLARD, *s'efforçant de sourire*. Délicieux!.. j'en reprendrai!.. (*A Cliquet, qui veut lui en reverser.*) Tout-à-l'heure!.. (*Il remet son verre sur le plateau.*)

GRENOUILLARD. Moi, Monsieur, je suis comme l'Empereur... j'adopte un vin... et je n'en change plus.

CHEVILLARD. Certainement, vous lui ressemblez... (*A part.*) Sauf le crû qui n'est pas le même.

CLIQUET, *à part*. Du Noisy-le-Sec... près Pantin! (*Il reporte le guéridon à sa place.*)

GRENOUILLARD, *se levant et passant près de Chevillard. — Il laisse ses papiers sur le canapé* (1). Eh bien! Monsieur Chevillard, vous ne vous doutiez pas, il y a six semaines, que vous receviez dans votre restaurant un ministre en herbe...

CHEVILLARD. Comment! Monsieur, vous m'avez fait l'honneur de venir?..

GRENOUILLARD. Certainement, et je n'en rougis pas.

CHEVILLARD. C'est donc ça?.. je disais aussi... voilà une balle... (*Se reprenant.*) Une boule... (*Se reprenant encore.*) Une figure... que je connais!.. Mais je vous remets à présent... c'est vous qui êtes venu le jour où j'ai acheté mon immeuble... avec une dame?..

GRENOUILLARD. Précisément!.. Je ne suis pas de ceux qui renient leur passé, moi...

CHEVILLARD. Je m'en doute bien... et j'ai justement sur moi une petite note... (*Il tire un papier de son portefeuille.*) Vous avez oublié de demander la carte.

CLIQUET, *à part*. Aïe!

GRENOUILLARD. Qu'est-ce que c'est?.. Quelle carte?

CHEVILLARD. Pour vous avoir traité.

GRENOUILLARD, *avec véhémence*. Que me parlez-vous de traités?.. La révolution a déchiré les traités de 1815, Monsieur!

CHEVILLARD. Pardon... vous ne comprenez pas...

GRENOUILLARD. Et moi, vivant, on ne les relèvera pas, Monsieur!

CHEVILLARD. Mais, permettez...

CLIQUET. Et nous vivants, on ne les relèvera pas, Monsieur.

GRENOUILLARD, *passant à gauche*. Assez! qu'on ne m'en parle plus!

CHEVILLARD (2). Je me tais... nous n'en parlerons plus, là... (*A part.*) Ils me coûtent 9 francs, les traités de 1815!

GRENOUILLARD. Je ne vous retiens pas... j'ai quelques notes à écrire pour mon grand ouvrage: *Trois jours au pouvoir*.

CHEVILLARD. Ah! Monsieur écrit ses Mémoires?

GRENOUILLARD. Je n'y suis resté que trois jours, mais je crois y avoir fait de grandes choses!..

1. Ch. G. Cl.
2. Gr. Ch. Cl.

CHEVILLARD, *de bonne foi*. Et tout le monde n'en peut pas dire autant!.. Travaillez, Monsieur... éclairez votre époque... éclairez-la... ferme!.. Moi, je monte au-dessus toucher mes petites quittances... je reviendrai dans une heure... salut et fraternité!..

(*Fredonnant.*) La République nous appelle...

(*Il sort par le fond.*)

SCÈNE V.

GRENOUILLARD, CLIQUET.

GRENOUILLARD (1), *se mettant à cheval sur une chaise, à côté de la table, à gauche*. Cliquet!

CLIQUET. Monsieur?

GRENOUILLARD. La bouffarde à papa!

CLIQUET. Voilà, Monsieur! (*Apportant une pipe, qu'il prend sur le guéridon.*) C'est qu'il n'y a pas à dire, elle a été culotée au ministère celle-là... et on nous traitait d'impuissants!.. Mais que ceux d'aujourd'hui en fassent donc autant!

GRENOUILLARD. Flatteur!.. Cliquet!

CLIQUET. Monsieur?

GRENOUILLARD. Donne-moi le tabac.

CLIQUET. Voilà, Monsieur! (*Il lui donne un petit paquet de tabac dans du papier qu'il tire de sa poche.*) Tiens, je vais en griller une aussi... (*Il prend une petite pipe toute noire dans le gousset de son gilet, et l'allume au moyen d'une allumette chimique.*)

GRENOUILLARD. Cliquet!

CLIQUET. Monsieur?

GRENOUILLARD. Du feu!

CLIQUET. Voilà, Monsieur! (*Il s'approche de Grenouillard et lui présente sa pipe, à laquelle celui-ci allume la sienne.*) Et ils nous traitaient d'impuissants!..

GRENOUILLARD. Des envieux!

CLIQUET. L'histoire nous jugera! (*Il va s'asseoir sur le canapé, où il s'étale.*) Ah! ça me rappelle le temps où nous gouvernions la France!... On s'imagine que c'est difficile d'être ministre... (*Lançant de la fumée.*) Voilà! j'administre!..

GRENOUILLARD. Mais ce n'est pas tout... nous accordions des audiences...

CLIQUET. Oui, on n'était reçu qu'en blouse.

GRENOUILLARD. Cliquet!

CLIQUET. Monsieur?..

GRENOUILLARD, Appelle-moi donc Excellence, j'aime ça en fumant.

CLIQUET, *à part*. Est-il câlin!.. (*Haut.*) Êtes-vous câlin!.. (*Se levant et parlant la pipe à la bouche.*) Son Excellence veut-elle recevoir l'ambassadeur d'Autriche?

GRENOUILLARD, *voluptueusement*. Continue..... continue...

CLIQUET. Son Excellence veut-elle?...

1. Gr. Cl.

SCENE VI.

LES MÊMES, AMINTHE.

AMINTHE, *entrant par le fond, un cabas au bras* (1). J'arrive de la halle!

CLIQUET. Tiens! v'là votre femme, madame Grenouillard! (*Grenouillard se lève.*)

AMINTHE. Je vous apporte un petit morceau de raie... (*Mettant son cabas sous le nez de Grenouillard.*) Tiens! flaire-moi ça... frais comme l'œil!... (*Grenouillard remonte et passe à droite.*) En v'là pour douze sous!.. (*Elle tire la raie du cabas, et pose le tout sur la table de gauche.*)

CLIQUET (2). Ah! de la raie!.. vous ne pouviez pas prendre des saucisses, pour une fois!.. (*Avec intention.*) ou des petits pois au sucre... comme au gargot du père Chevillard... cabinet numéro 7... Monsieur et Madame au 7...

GRENOUILLARD, *sévèrement.* Monsieur Cliquet!..

CLIQUET. Son Excellence se fâche avec Frontin!...

AMINTHE, *passant près de Grenouillard* (3). Ce souvenir me charme... c'est là que tu connus ta niniche... et huit jours après... par devant M. le maire...

GRENOUILLARD, *à part.* Quelle boulette!

CLIQUET, *près de la table de gauche.* De la raie! toujours de la raie!..

AMINTHE, *à Cliquet.* Allons, ne grogne pas, et va me mettre ça sur le feu... File!

CLIQUET, *prenant la raie, à part.* Elle est commune, cette grande femme!

ENSEMBLE.

Air : *Qu'importe la distance.* (Semaine à Londres.)

AMINTHE.

Va vite à la cuisine;
Cette rai', belle à voir,
Aura meilleure mine
Encore au beurre noir.

CLIQUET, *à part.*

Allons à la cuisine,
J' vas mettre, tu vas voir,
Ton poisson que j'abomine,
Dans un beurre très noir.

GRENOUILLARD.

Va, file à la cuisine,
Je voudrais bien avoir,
Quand l'appétit me mine,
De déjeuner l'espoir.

(*Cliquet sort par la droite, en emportant la raie.*)

SCENE VII.

AMINTHE, GRENOUILLARD.

GRENOUILLARD(4). Dis donc, le propriétaire est venu.

1. Gr. A. Cl.
2. A. Cl. Gr.
3. Cl. A. Gr.
4. A. Gr.

AMINTHE. Eh bien! après?

GRENOUILLARD. Apportes-tu de l'argent?

AMINTHE. Ah! ouiche!... les pièces cent sous sont couchées, et elles ont défendu leur porte... mais j'ai un moyen.

GRENOUILLARD. Où ça!

AMINTHE. Dans mon cabas. (*Elle va fouiller dans son cabas.*)

SCENE VIII.

LES MÊMES, CHEVILLARD.

CHEVILLARD, *entrant par le fond. Il porte d'une main un pot de myrte, et de l'autre un drapeau tricolore sur lequel on lit : Termes remis. Honneur aux propriétaires* (1). Ah! les gredins! les gueux! (*On entend la musique du bal au-dessus.*)

GRENOUILLARD. Qu'est-ce que vous tenez donc là?

CHEVILLARD, *montrant son myrte et son drapeau.* Mes termes, Monsieur! ils m'ont payé avec ça... un myrte et un drapeau!.. En voilà pour quatorze cents francs!.. (*Il va poser au fond son myrthe et son drapeau.*)

AMINTHE, *à part.* Tiens! c'est une idée... pour la prochaine fois.

CHEVILLARD. Et ça danse!.. ça donne des soirées... le matin!.. heureusement que tout le monde ne leur ressemble pas... (*Souriant à Grenouillard.*) Monsieur, je viens pour la petite quittance... (*La musique cesse.*)

GRENOUILLARD, *s'asseyant sur le canapé.* C'est bien... adressez-vous à ma femme.

CHEVILLARD. Bien!.. bien!.. ne vous dérangez pas. (*A Aminthe.*) Dites donc, la bonne!

AMINTHE. Hein?

CHEVILLARD. Où est-elle, sa femme?

AMINTHE. C'est moi, Monsieur!

CHEVILLARD. Comment! (*A part, avec admiration.*) Quelle simplicité! la femme d'un ministre... qui va à la Halle!.. c'est comme à Sparte!.. (*Haut, à Aminthe, avec un sourire.*) Madame, je viens pour la petite quittance...

AMINTHE. La quittance?.. (*Lui tournant le dos.*) Du cassis!

CHEVILLARD. Du cassis?.. merci!.. j'ai pris du vin... ça me suffit...

AMINTHE, *lui remettant un papier qu'elle a retiré de son cabas.* Voilà!.. capital et intérêts... ça vient de paraître!

CHEVILLARD. Qu'est-ce que c'est que ça?.. (*Parcourant le papier.*) Un arrêt du tribunal... (*Lisant.*) « Un délai de trois mois est accordé aux locataires « pour le paiement de leurs loyers. » (*A Grenouillard.*) Monsieur, je viens pour la petite quittance...

1. A. Ch. Gr.

GRENOUILLARD, *se levant.* Lisez l'arrêt! *(Il se rassied.)*

AMINTHE. Lisez l'arrêt!

CHEVILLARD. L'arrêt! l'arret!

SCÈNE IX.

LES MÊMES, CLIQUET, *puis* CREVETTE.

CLIQUET, *entrant vivement par la droite, le plat de raie à la main* (1). Voici la raie... au beurre noir. *(Il pose le plat sur le guéridon, et vient près d'Aminthe, qu'il aide à mettre le couvert sur la table de gauche.)*

CHEVILLARD. Va-t-en au diable! *(Il le repousse.)*

CREVETTE, *accourant par le fond* (2). Monsieur! Monsieur!

CHEVILLARD. Ah! te voilà! d'où viens-tu?

CREVETTE. Des élections de la garde nationale!

CHEVILLARD. Des élections... vieille buse!.. Voyons, qu'est-ce que tu m'apportes? de l'argent?..

CREVETTE, *lui donnant un papier.* Non, c'est un papier pour vous!

CHEVILLARD, *après avoir regardé le papier.* Ah! mon Dieu! *(Lisant.)* « Un impôt de quarante-cinq « centimes est décrété sur le total des quatre con- « tributions. »

CREVETTE, *à part.* Je trouve ça juste. *(Il passe à droite.)*

CHEVILLARD (3). Mais c'est stupide!.. comment! d'un côté, un arrêt qui me... de l'autre, un décret... qui ne...

Air : *Le beau Lycas aimait Thémire.*

Tout cela me surprend, m'étonne.
Quel est ici mon embarras!
Il faut que d'une main je donne
Ce que l'autre ne reçoit pas.
Je le reconnais avec peine, *(bis.)*
Nos gouvernants me font l'effet
D'un porteur d'eau qui tenterait
De tirer d' l'eau d'une fontaine,
En en fermant le robinet.
Tirez donc de l'eau d'une fontaine,
En en fermant le robinet.

(A la fin de ce couplet, les danses et la musique se font entendre au-dessus. — Furieux.)

Et ils dansent! ils se réjouissent!.. ils le font exprès!..

CLIQUET. C'est le bal : je suis en retard. *(Il va prendre son chapeau, qu'il a mis sur un fauteuil, au fond.)*

CHEVILLARD *criant* (1). Taisez-vous donc! ça ébranle les murs!.. je vous donne congé!.. *(A ce moment le plafond se crève, des gravas tombent et plusieurs jambes, parmi lesquelles on remarque une jambe de femme, passent au travers en exécutant un mouvement de polka.)* Mon plafond! voilà le bouquet!.. *(Il tombe sur la chaise près de la table, à gauche.)*

CREVETTE. Quelle bicoque!.. *(Cliquet a pris le plat de raie et est descendu à droite.)*

GRENOUILLARD, *qui s'est levé, à Chevillard* (2). Monsieur! je vous demande quinze mille francs de dommages-intérêts!

CLIQUET, *ôtant les gravas du plat de raie.* Sauvons la raie!

ENSEMBLE.

Air : *Vivent les amours.*

CHEVILLARD.

Ici, vraiment,
Quel accident!
Sur nous, hélas! tout un plafond
Qui fond.
Trahison!
Ma pauvre maison
Percée à jour!
C'est un crible, un tambour.

LES AUTRES.

Ici, vraiment,
Quel accident!
Sur nous, hélas! tout un plafond
Qui fond.
Trahison!
C'est une maison
Percée à jour!
C'est un crible, un tambour.

(Le rideau baisse.)

1. A. Ch. Cl. G.
2. A. Cl. Ch. Cr. G.
3. A. Cl. Ch. G. Cr.

1. A. Ch. Cl. G. Cr.
2. A. Ch. G. Cr. Cl.

FIN DU TROISIÈME ACTE.

ACTE QUATRIÈME.

Une cour avec loge de portier praticable; à droite, la loge, dont on voit l'intérieur; cette loge occupe à peu près la moitié du théâtre; au milieu de la loge un poêle de fonte avec son tuyau; à droite, au fond, une porte donnant dans une autre pièce; à gauche, porte vitrée donnant sur la cour; à côté de cette porte, un petit guichet avec tablette; à droite, une commode sur laquelle il y a des fourchettes, des serviettes, un pain, et un journal au fond, près de la porte de droite, une fontaine; à côté, une table, un fauteuil à la voltaire, à côté de la commode est pendue une petite glace au-dessus de laquelle est accrochée une montre; chaises — Tout cet intérieur doit respirer l'aisance. — La cour est fermée au fond par un mur : entre ce mur et la loge un passage allant à droite pour entrer dans la maison; à gauche, au premier plan, un autre passage conduisant à la porte cochère, près de la loge est une énorme bûche.

SCENE PREMIERE.

CREVETTE, *dans la loge, puis* CHEVILLARD, *dans la cour.*

CREVETTE, *étendu dans le fauteuil, et lisant un papier.*) « Le citoyen Crevette, concierge, est « tombé au sort, pour faire partie du jury pen- « dant la seconde session de décembre. » Ça ouvre aujourd'hui... je n'ai pas encore prévenu le propriétaire... Mais ça ira tout seul... c'est un droit civil.

CHEVILLARD, *entrant par le passage de droite, grelottant et frappant des pieds*(1). Brrr!.. brrr!.. qu'il fait donc froid ce matin!.. je vais arpenter ma cour... ça m'échauffera... gratis!.. C'est triste à dire... mais moi, Chevillard, qui ai pignon sur rue, je n'ai pas de bois chez moi! (*Apercevant la bûche.*) Oh! la belle bûche!.. Ces gueux de portiers, sont-ils heureux!.. si j'avais ça en haut, je ne grelotterais pas en bas... (*Se promenant.*) Mâtin! mâtin! mâtin!

CREVETTE. Dieu! qu'il fait chaud ici!.. si j'ouvrais mon *vagislas*!.. (*Il ouvre son guichet.*)

CHEVILLARD. Je commence à croire que j'ai fait une mauvaise opération en achetant cette maison... J'avais un bon commerce, j'étais heureux, tranquille, bien nourri, bien chauffé... je faisais ma petite poule... et maintenant je dois à Dieu et au diable!.. les impôts!.. les réparations!.. ce maudit plafond m'a coûté les yeux de la tête!.. Enfin, il y a deux jours, j'ai vendu ma montre à un bric-à-brac... une montre à repétition!... et maintenant ce sont mes locataires qui me donnent l'heure... c'est tout ce qu'ils me donnent par exemple!.. (*Continuant sa promenade.*) Mâtin! mâtin! mâtin!

CREVETTE, *qui s'est levé, allant décrocher la montre, à droite.* Je ne suis pas fâché de mon acquisition... je me suis collé ça pour ma fête... une occasion!.. Je vais la faire sonner... ça me charmera... (*Il fait sonner la montre, et la met dans son gousset.*)

CHEVILLARD. A force de vendre, il ne me reste plus rien, et j'en suis réduit à ne pas savoir comment déjeuner... ça n'est pas gai.

1. Ch. Cr.

CREVETTE, *allant regarder un poêlon qui est dans le four du poêle.* Et mon rata qui brûle! (*Il met de l'eau dans le poêlon et le replace dans le four.*)

CHEVILLARD. J'ai beau retourner mes poches...

CREVETTE, *allant prendre un portefeuille, dans le tiroir de sa commode, et s'asseyant.* Si je comptais mes petites économies...

CHEVILLARD. Pas un sou!..

CREVETTE. Sept cents francs... c'est maigrichon!

CHEVILLARD. Il faut pourtant que je déjeune... Il y a bien le Mont-de-Piété... mais je n'ai que ma maison... on ne prête pas sur les pierres de taille.

CREVETTE. Qu'est-ce que je vais faire de cet argent-là?

CHEVILLARD Voyons donc... si je pouvais détacher un morceau de mon immeuble... Ah! un volet!.. (*Il décroche un volet de la loge.*)

CREVETTE, *resserrant son portefeuille.* La rente baisse... si j'opérais sur le trois!..

CHEVILLARD, *ayant mis le volet sur son épaule.* Voilà pour le déjeuner... je dînerai avec une gouttière... (*Sortant par le passage de gauche.*) Au Mont-de-Piété!

CREVETTE, *écrivant sur sa commode.* A mon agent de change!

SCÈNE II.

CREVETTE, ROSE, *puis* CLIQUET.

ROSE, *entrant dans la loge par la porte, à droite. — Elle tient d'une main une petite casserole et de l'autre un petit carton* (1). Bonjour, père Crevette!

CREVETTE, *qui a écrit, se levant.* Tiens! mam'selle Rose!..

ROSE. Voulez-vous me permettre de faire chauffer mon lait dans votre four?..

CREVETTE. Avec plaisir... quand y en a pour un, y en a pour *deusse*! (*Il prend la casserole de Rose et la met dans le four de son poêle.*)

ROSE, *se chauffant.* Dites donc, père Crevette... lui avez-vous parlé?

1. Cr. R.

CREVETTE, *s'asseyant dans son fauteuil.* A qui ?.. ah ! à votre Cliquet !

ROSE. Il n'est pas encore venu hier... Depuis quinze jours je ne le vois plus...

CREVETTE. Ni moi... tous les matins, il part à des sept heures et ne rentre qu'à des *ménuit*... Depuis qu'il a quitté la livrée, il fait une mousse, un embarras !.. Monsieur porte des gants jaunes... comme les blancs !..

ROSE. Ah ! mon Dieu !.. il avait pourtant bien promis de m'épouser !..

CREVETTE. Prout !

ROSE. Plaît-il ?

CREVETTE. Je dis prout !.. c'est une opinion.

ROSE. Il me garde peut-être rancune, parce qu'un jour... il a voulu m'embrasser...

CLIQUET, *entrant par la porte de droite, et traversant la cour sans s'arrêter.* Cordon ! *(Il disparaît par le passage de gauche.)*

CREVETTE, *à Rose, qui s'est arrêtée.* Continuez donc.

ROSE. Il a voulu m'embrasser... je me suis fâchée... et...

CLIQUET, *en dehors.* Cordon !

CREVETTE, *avec humeur.* En voilà un qui m'embête !..

CLIQUET, *en dehors.* Cordon, nom d'un petit bonhomme !

CREVETTE, *passant vivement la tête par son guichet.* Vous ne pouvez pas dire s'il vous plaît ?..

CLIQUET, *en dehors.* Non !.. cordon !..

CREVETTE, *refermant son guichet.* Très bien... je n'ouvre pas ! *(A Rose.)* Continuez donc...

CLIQUET, *rentrant dans la cour, et avec colère* (1). Ah çà, maroufle, tu ne veux donc pas m'ouvrir ?.. *(Il est en habit à la mode, pantalon à carreaux ; il a un lorgnon et un stick. — Sa mise doit être des plus excentriques.)*

ROSE, *sortant vivement de la loge et passant dans la cour* (2). Cette voix !.. c'est lui !..

CREVETTE, *la suivant.* Cliquet !..

CLIQUET, *à part.* Rose !.. pincé !..

ROSE, *à Cliquet.* Enfin, Monsieur, je vous trouve !..

CLIQUET, *embarrassé.* Enchanté...

ROSE. Me direz-vous pourquoi je ne vous ai pas vu depuis quinze jours ?..

CREVETTE. Oui, expliquez-vous !..

CLIQUET, *à Crevette.* Portier, je vous prie d'aller causer avec vos pareils !..

CREVETTE. Hein ?.. mes pareils !..

ROSE, *à Cliquet.* Et nos bans, que vous deviez faire publier ?..

CLIQUET. Plus tard... vous comprenez... ma position... mes relations...

1. Cl. Cr. R.
2. Cl. R. Cr.

CREVETTE, *à part.* Oh ! quelle cassure !..

ROSE. En effet, Monsieur, je n'avais pas remarqué cette tenue...

CLIQUET, *passant au milieu* (1). Toilette du matin ! *(Très vivement.)* Je prends chez Cracmann, tailleur, boulevard des Italiens, 8, sur commande et à façon, fait l'exportation. Voyez le drap, voyez la finesse, un cuir pour la durée !..

CREVETTE. Qu'est-ce qu'il nous dégoise là ?

CLIQUET, *à Crevette.* Allez causer avec vos pareils !

CREVETTE, *à part.* Fait-il sa poudre à canon !... *(Il rentre dans sa loge en haussant les épaules. — On le voit aller et venir.)*

ROSE, *à Cliquet.* Enfin, Monsieur, expliquez-vous... Ce mariage, que j'ai annoncé à mes amies, que décidez-vous ?.. Est-ce oui ou non ?..

CLIQUET, *avec fatuité.* Ni oui, ni non... je flotte... je ballotte... Il faut que je consulte...

ROSE, *offensée.* Oh ! c'est bien, Monsieur... je vous comprends... je vois ce que c'est... une rupture !.. Oh ! soyez tranquille, je n'irai pas vous chercher... je ne courrai pas après vous... Je sors, je vais reporter mon ouvrage... et je vous défends de me suivre !..

CLIQUET. Oh !

ENSEMBLE.

Air : *Assez dormir, ma belle.*

ROSE.

C'est assez d'insolence,
Je vous fais la défense
De suivre ici mes pas.
(Avec raillerie.)
Vous perdre, c'est fort triste,
Mais la pauvre fleuriste,
Allez, n'en mourra pas.

CLIQUET.

Elle rage, je pense,
Et me fait la défense
De suivre ici ses pas !
Me perdre, c'est fort triste !
Pourvu que la fleuriste,
D' chagrin ne meure pas !

CREVETTE, *dans sa loge, et rageant.*

Cristi, quelle insolence !
J' lui ficherais une danse
Si je n' me retenais pas !
C'est bien pour la fleuriste
Qu'à ce désir j' résiste...
Ça m' démang' dans les bras !

ROSE. Cordon, s'il vous plaît.

CREVETTE, *à Cliquet, sur la porte de sa loge.* Elle a dit s'il vous plaît... Quand on est poli z'avec moi, on est servi ! *(Il tire le cordon : Rose sort vivement par le passage de gauche. — On entend refermer la porte.)*

1. R. Cl. Cr.

SCENE III.

CREVETTE, *dans sa loge,* CLIQUET, *dans la cour puis* ANTONY.

CLIQUET (1). Me marier !.. une fille qui n'a rien, que ses fleurs !.. Elle est gentille... pour un caprice... une distraction... je ne dis pas... mais l'épouser... des noisettes !.. (*Criant.*) Cordon ?..

CREVETTE, *passant sa tête au guichet.* Dites s'il vous plaît.

CLIQUET. Non !.. je m'entête !

CREVETTE, *froidement et refermant son guichet.* Quand vous voudrez... (*Il va prendre un journal sur sa commode, s'assied dans son fauteuil et lit.*) .

CLIQUET, *se promenant dans la cour.* Ah çà, est-ce qu'il se fiche de moi, ce portier ?.. il croit que je vais passer ma vie à me dandiner dans sa cour comme l'ours Martin... Ce n'est pas pour ça que Cracmann, mon tailleur, me donne quinze francs par jour... il faut que je promène ses habits et que je distribue ses adresses !.. On appelle ça un mannequin... Drôle d'état !

CREVETTE, *lisant son journal.* Pristi ! la belle séance !.. Ils se traitent de galopins ! (*On frappe.*)

CLIQUET, *à part.* Ah ! on frappe !..

CREVETTE, *tirant machinalement le cordon.* Allez donc !

CLIQUET, *au guichet.* Enfoncé, père Chose ! je sortirai malgré toi !

CREVETTE, *se levant vivement, mettant la tête au guichet et criant.* Fermez la porte !.. (*Cliquet fait quelques pas pour sortir, on entend la porte se refermer. — Crevette se rassied tranquillement et continue sa lecture.*)

CLIQUET, *revenant avec rage.* Canaille ! Je salirai tes escaliers !

ANTONY, *qui est entré par le passage de gauche, et parlant au guichet* (1). Mademoiselle Rose, s'il vous plaît ?

CREVETTE. Elle vient de sortir.

ANTONY. Veuillez la prier de passer chez maître Tourtois, notaire...

CLIQUET, *à part.* Hein ?..

ANTONY. C'est pour une affaire importante.

CREVETTE. On lui dira. (*Antony se dirige vers la gauche, en consultant son carnet.*)

CLIQUET, *à part.* Je suis curieux de savoir ce que Rose peut avoir de commun avec des notaires... (*Frappant avec son stick sur l'épaule d'Antony, qui va sortir.*) Bonjour, cher !

ANTONY, *étonné, se retournant* (3). Pardon... Monsieur... (*Le reconnaissant.*) Tiens, Cliquet !..

CREVETTE, *posant son journal et tirant sa montre.* Diable ! huit heures ! (*Se levant.*) Allons me requinquer. (*Il sort par la porte, à droite, dans sa loge.*)

1. Cl. Cr.
2. Cl. A. Cr.
3. A. Cl. Cr.

SCÈNE IV.

CLIQUET, ANTONY, *dans la cour, puis* CREVETTE, *dans sa loge.*

ANTONY, *regardant Cliquet* (1). Mazette, quelle tenue !

CLIQUET. Toilette du matin... Je prends chez Cracmann, tailleur, boulevard des Italiens, 8, sur commande et à façon, fait l'exportation ; voyez le drap ! voyez la finesse ! un cuir pour la durée !

ANTONY, *riant, à part.* Il parle comme un prospectus.

CLIQUET. Ah çà ! vous avez donc des clients dans cette maison ?

ANTONY. Oui... mademoiselle Rose, que vous connaissez... un héritage... il y agras... et ça me va... (*A part.*) J'ai des projets.

CLIQUET, *à part.* Un héritage !... moi aussi, ça me va... (*Haut.*) Vous retournez à l'étude ?

ANTONY. A l'instant.

CLIQUET, *lui prenant le bras.* Je ne vous quitte pas, j'ai à vous parler d'une affaire... une terre que j'ai en vue...

ANTONY. Comment, vous achetez des terres ?

CLIQUET. Oui. (*A part.*) Cuites.

CREVETTE, *rentrant dans sa loge par la porte de droite. — Il est habillé.* Me voilà ficelé. (*Il se regarde dans sa glace.*)

CLIQUET, *criant.* Cord... (*S'arrêtant, bas, à Antony.*) Non .. vous... demandez-le...

ANTONY, *allant au guichet et criant* (2). Cordon, s'il vous plaît ?

CREVETTE, *tirant le cordon.* Qué scie ! (*Antony sort par le passage de gauche.*)

CLIQUET, *crevant avec sa tête un carreau de papier qui est à la porte vitrée de la loge* (3). Je sors, mieux muffle, et je n'ai pas dit s'il vous plaît.

CREVETTE, *criant.* Manant ! (*Au moment de sortir en courant par la gauche, Cliquet heurte Chevillard, qui entre avec son volet sur le dos.*)

SCÈNE V.

CHEVILLARD, *dans la cour*, CREVETTE, *dans la loge.*

CHEVILLARD (4). Prenez donc garde, imbécille... *Descendant la scène.*) Je viens du Mont-de-Piété.. c'était pas ouvert... alors, j'ai fait queue avec mon volet... A neuf heures, je présente mon

1. A. Cl.
2. A. Cl. Cr.
3. Cl. A. Cr.
4. Cl. Cr.

objet... une voix me répond : « On ne prête pas sur le bois blanc ! » Merci !... et il faut que je déjeune avec ça. (*Il remet le volet à sa place.*)

CREVETTE, *remuant sa fricassée*. Ça commence à se dorer. (*Il la remet dans le four.*)

CHEVILLARD, *humant l'air*. Hum ! ça sent bon par là... je vais aller causer avec mon portier. (*Il entre dans la loge.*) Bonjour, père Crevette.

CREVETTE, *assez brutal*. Ah ! c'est vous ! bonjour.

CHEVILLARD. Il fait bon ici... on a chaud.

CREVETTE, *mettant son fauteuil entre le poêle et la commode*. Asseyez-vous. (*Chevillard va pour s'asseoir dans le fauteuil; Crevette s'y met.*) Prenez une chaise. (*Chevillard prend une chaise et s'assied près du poêle.*) Chauffez-vous. (*Mettant ses pieds sur le poêle.*) Je ne suis pas un aristo, moi !...

CHEVILLARD. Merci, père Crevette. (*Flairant.*) Hum ! ça sent bon chez vous.

CREVETTE, *lui jetant un papier, qu'il tire de sa poche*. Tenez, v'là encore du papier timbré pour vous.

CHEVILLARD. Merci, père Crevette... (*Lisant.*) « Commandement de payer dans les vingt-quatre « heures... » (*A part.*) Ah ! oui, je t'en fiche... Maudits impôts !

CREVETTE, *à part*. Et ça achète des maisons... (*Haut.*) V'là trois jours que j'ai ça.

CHEVILLARD, *vivement*. Trois jours ! et vous ne m'avez pas dit?... (*Se radoucissant.*) Après ça... vous me l'auriez dit... que ça aurait été absolument la même chose. (*Flairant.*) Hum ! ça sent bon chez vous.

CREVETTE, *se levant*. Je crois bien... je m'ai fait la barbe avec de l'eau de Cologne. (*Il porte son fauteuil au fond de la loge.*)

CHEVILLARD, *l'examinant*. En effet... comme vous êtes beau !

CREVETTE, *d'un ton sans façon*. Oui, je vais sortir.

CHEVILLARD, *timidement*. Ah !... vous... et la loge ?

CREVETTE. Dame ! je suis tombé du jury ; je vous demande un congé de six semaines... voilà.

CHEVILLARD. Six semaines !... Eh bien ! eh bien ! mais... et la loge ?

CREVETTE. Ah çà ! est-ce que vous prétendriez me priver de mes droits civils?

CHEVILLARD. Non ; mais la porte, qui est-ce qui l'ouvrira?

CREVETTE. On la laissera entrebâillée.

CHEVILLARD. Entrebâillée... pendant six semaines !

CREVETTE. Après ça, si ça ne vous va pas... faut le dire...

CHEVILLARD, *se levant*. Voyons... ne nous fâchons pas... Est-il vif, ce père Crevette !..

CREVETTE. Tiens ! elle n'est pas déjà si avantageuse, votre maison ! Depuis dix mois que je suis ici, je n'ai pas encore vu la couleur de votre monnaie... Ah ben ! en v'là une de Californie !..

CHEVILLARD. Plus tard... j'attends des rentrées. (*Il range sa chaise.*)

CREVETTE. Tenez, si vous voulez que je vous le dise, je l'ai dans le nez votre barraque.

CHEVILLARD. Ma barraque !

CREVETTE. Alors payez... Pas d'argent, pas de de Suisse, je ne connais que ça.

CHEVILLARD, *sèchement*. C'est bien... je vous ferai un billet.

CREVETTE. Oui, sur papier brouillard !.. amour d'homme !

CHEVILLARD, *s'emportant*. Monsieur Crevette !..

CREVETTE. Si j'ai pas confiance dans votre pataraphe... moi...

CHEVILLARD, *passant à droite* (1). Insolent !.. sortez !.. je vous chasse... vous ne faites plus partie de ma maison. (*Ils sortent de la loge et se trouvent dans la cour.*)

CREVETTE. Ah ! c'est comme ça... eh bien ! j'y reste, dans ta maison !..

CHEVILLARD. Ah ! c'est trop fort !..

CREVETTE. Je loue ton entresol pour ce que tu me dois... dix mois à trente francs.

CHEVILLARD. Je ne veux pas.

CREVETTE. Et j'y mangerai, j'y coucherai, j'y dormirai, dans ton entresol... et je cracherai par terre, si ça me fait plaisir... comme ça... (*Il crache plusieurs fois par terre.*) Ah !..

ENSEMBLE.

Air :

CHEVILLARD.

Ah ! je sens la colère
S'allumer dans mon cœur !
Douter de mon honneur !
Va-t-en, vil imposteur !
Une maison si chère,
Vilipendé, par toi !
Va te faire lanlaire,
Mais bien loin de chez moi !

CREVETTE.

Pourquoi cette colère ?
La rage est dans mon cœur !
Douter de ton honneur...
Voyez le grand malheur !
Dans ta maison si chère,
Je veux, ou paie-moi,
Charmant propriétaire,
Demeurer malgré toi !

CREVETTE, *qui allait pour sortir, revenant vivement et mettant une pièce de monnaie dans la*

1. Cr. Ch.

main de Chevillard.) Tiens, voilà ton denier à Dieu ! (*Il sort fièrement par le passage de gauche.*)

SCENE VI.

CHEVILLARD, *puis* UN MONSIEUR.

CHEVILLARD, *seul, avec indignation.* Quarante sous !.. (*Il fait le geste de les jeter et les met dans sa poche.*) Enfin !.. (*Il rentre dans la loge.*) mon entresol est loué !.. Dieu ! que ça sent bon ici !.. Ah çà, où trouver un portier maintenant ?.. Comment le payer ?.. (*On frappe : il tire le cordon machinalement.*) Tiens ! j'ai ouvert... ce n'est pas plus difficile que ça... me voilà mon portier !

UN MONSIEUR, *qui a traversé la cour de gauche à droite, frappant au guichet avec mystère* (1). Madame de Follembuche est-elle chez elle ?

CHEVILLARD, *ôtant sa casquette.* Oui, Monsieur.

LE MONSIEUR. Et son mari ?

CHEVILLARD. Oui, Monsieur.

LE MONSIEUR. Chut !.. je reviendrai... (*Il jette cent sous sur la tablette du guichet, traverse vivement la cour et disparaît par le passage de gauche.*)

CHEVILLARD, *stupéfait et prenant la pièce de cent sous.* Cent sous ! (*Avec joie.*) Cent sous !.. depuis dix mois que je suis propriétaire, je n'en ai jamais reçu autant !.. je croyais qu'il n'y en avait plus !.. (*Il la met dans sa poche.*) Et dire qu'il y a des gens qui se font propriétaires, quand ils pourraient être portiers !.. Dieu ! que ça sent bon ici ! (*On frappe, il tire le cordon.*) Encore de l'argent qui m'arrive !.. (*Sortant de la loge.*) Entrez, qu'il soit le bien-venu.

SCÈNE VII.

CHEVILLARD, ROSE.

ROSE, *entrant étourdiment dans la cour, son petit carton à la main* (2) Eh bien ! père Crevette, et mon lait ?.. avez-vous retiré mon lait ?..

CHEVILLARD. Mam'selle Rose !.. Vous allez bien, mam'selle Rose ?

ROSE, *étonnée.* Monsieur Chevillard !.. (*Confuse.*) Ah ! Monsieur, je vous demande pardon... le père Crevette m'avait promis de me faire chauffer mon lait... et...

CHEVILLARD. Mais il n'y a pas de mal, Mademoiselle.

ROSE, *regardant vers la loge.* Mais je ne le vois pas, le père Crevette... est-ce qu'il est sorti ?..

CHEVILLARD. Le père Crevette n'est plus ici... c'est moi qui suis le portier maintenant.

1. Le mons. Ch.
2. R. Ch.

ROSE, *étourdiment.* Ah ! quel dommage !

CHEVILLARD. Comment ?

ROSE, *un peu embarrassée.* C'est parce que... il me laissait faire ma petite cuisine chez lui... et je me chauffais à son feu... quelquefois...

CHEVILLARD, *très ému.* Mais, Mademoiselle, mon feu sera toujours votre feu... Entrez donc. (*Rose entre dans la loge, Chevillard la suit et avance une chaise de chaque côté du poêle.*)

ROSE (1). Oh ! Monsieur, vous êtes bien bon... (*Posant son carton sur la commode et hésitant.*) Mais, comment ça se fait-il ?.. que vous... le propriétaire... vous soyez devenu le portier ?

CHEVILLARD, *avec bonhomie.* Ah ! c'est que j'ai eu des revers... j'ai fait des pertes... je suis ruiné !

ROSE, *avec compassion.* Oh ! pauvre homme !.. Vous avez joué à la Bourse !..

CHEVILLARD. Oh ! non... ce sont mes locataires, les termes qui se paient difficilement... (*Naïvement.*) Je n'ai encore rien reçu...

ROSE, *baissant la tête.* Ah ! c'est ça !..

CHEVILLARD, *vivement.* Oh ! Mademoiselle, ce n'est pas pour vous que je dis ça... Et tenez, je peux vous le dire... je n'ai jamais fait votre quittance, parce que je me disais : c'est une fille sage, elle n'a que son travail... et le travail ne va pas, alors...

ROSE, *à part.* Oh ! quel brave homme !

CHEVILLARD, *tout-à-coup.* Mademoiselle Rose... j'aurais quelque chose à vous dire !

ROSE, *passant du côté du four* (2). Ah ! mon Dieu ! Et mon lait que j'oublie !.. (*Retirant sa casserole du four.*) Ah ! votre fricassée qui a fait tourner mon lait !..

CHEVILLARD, *surpris.* Ma fricassée ? Comment ! j'ai une fricassée ?.. (*Retirant le poêlon du four.*) Je disais aussi... comme ça sent bon ici ! (*Regardant.*) Du lapin aux pommes de terre !.. c'est de la féerie !.. Je suis dans les Mille et Nuits !..

ROSE, *regardant sa casserole.* Avec quoi vais-je déjeuner maintenant ? (*Elle pose sa casserole sur la table derrière elle.*)

CHEVILLARD, *mettant le poêlon sur le poêle.* Avec quoi ?.. mademoiselle Rose... si j'osais.

ROSE. Eh bien !

CHEVILLARD. Voulez-vous me faire l'honneur de déjeuner avec moi ?..

ROSE. Ah ! je vous remercie...

CHEVILLARD. Oh ! ne vous gênez pas, je vous en prie... Tenez, placez-vous vis-à-vis de moi.

ROSE. Ma foi ! ça va !..

CHEVILLARD.

Air : *Duo de J. Nargeot.* (Jobin et Nanette.)

Allons, mettez-vous là.
(*Il prend sur la commode deux serviettes, en donne*

1. Ch. R.
2. R. Ch.

une à Rose et en garde une pour lui; puis il met deux fourchettes dans le poêlon.)

ROSE, *s'asseyant d'un côté du poêle.*

M'y voici, je suis prête...

CHEVILLARD, *s'asseyant de l'autre côté.*

Prenez ce beau croûton...

(Il lui coupe du pain.)

ROSE.

Merci!

CHEVILLARD.

Puis, attaquons!

Chacun à notre tour!

ROSE, *riant, et mettant la fourchette dans le poêlon.*

Au bout de la fourchette!

CHEVILLARD, *après qu'elle a mangé.*

Qu'en pensez-vous?

ROSE.

C'est bon!

CHEVILLARD.

Ce que je trouve bon,

Ce n'est pas le lapin... mais c'est le tête-à-tête!

ROSE.

Eh bien! lorsque vous m'invitez,
Sans manger, ainsi vous restez!

CHEVILLARD, *qui la regarde.*

Mademoiselle, je vous contemple!

ROSE.

Par exemple! par exemple!
Allons, mangez donc, je le veux!...

CHEVILLARD, *mangeant tout-à-coup.*

A ce repas délicieux
Avec plaisir je m'abandonne!
C'est le bonheur qui l'assaisonne!

ENSEMBLE.

Le bonheur est entre nous deux!
A ce repas délicieux,
Que chacun de nous s'abandonne,
Et que le plaisir l'assaisonne!...

(Ils continuent à manger.)

ROSE. C'est drôle! vous ne me faites plus peur!

CHEVILLARD. Comment! je vous faisais peur?...

ROSE. Dame! un riche, un propriétaire...

CHEVILLARD. Oh! mais je ne le suis plus... je suis portier maintenant... pour toute ma vie!.. Quel état! tout vous arrive... l'amour, l'argent!.. Car enfin qu'est-ce qu'il faut pour être heureux? une bonne loge...

ROSE, *mangeant.* Du lapin aux pommes de terre!

CHEVILLARD. Et une petite femme gentille comme vous... pour lui offrir son nom... lui donner sa main...

ROSE, *vivement, et se levant, sa fourchette à la main.* Comment!.. vous vouliez m'épouser?..

CHEVILLARD, *se levant, sa serviette sous le bras, et, comme Rose, sa fourchette à la main; avec passion.* Mam'selle Rose, j'aurais quelque chose à vous dire!.. *(On entend frapper.)*

ROSE, *rejetant sa fourchette dans le poêlon.* On frappe!..

CHEVILLARD, *jetant sa serviette et sa fourchette et tirant le cordon.* Que le diable les emporte!.. *(Sortant dans la cour.)* Qui est là?..

SCENE VIII.

CHEVILLARD, ANTONY, *dans la cour*, ROSE, *dans la loge.*

ANTONY, *entrant vivement par le passage de gauche* (1). Mam'selle Rose?.. où est mam'selle Rose?..

CHEVILLARD. Eh bien! quoi! qu'est-ce que c'est? *(Montrant Rose, qui est sur la porte de la loge.)* La voici!

ROSE, *sortant de la loge.* Que me voulez-vous, Monsieur?

ANTONY. Mademoiselle, je vous aime!.. Je vous demande votre cœur, votre main, votre foi!..

CHEVILLARD. Hein!

ROSE. Mais, Monsieur...

ANTONY. Ne perdons pas de temps... il y a un autre prétendu en route!

SCENE IX.

LES MÊMES, CLIQUET.

CLIQUET, *accourant par la gauche et bousculant Antony* (2). Mam'selle Rose?... où est mam'selle Rose?..

TOUS. Cliquet!

CLIQUET. Rose, je vous aime!.. *(Se reprenant.)* Non! Rose, je t'aime!.. *(A part.)* C'est plus chaud!..

CHEVILLARD, *le regardant.* Quelle tenue!

CLIQUET. Ah! c'est vrai!.. vous ne l'avez pas encore vue. *(Passant près de Chevillard* (3). Toilette du matin! Je prends chez Cracmann, tailleur, boulevard des Italiens, 8, sur commande et à façon, fait l'exportation; voyez le drap! voyez la finesse! un cuir pour la durée!.. *(Se retournant subitement vers Rose.)* Rose, je vous demande ton cœur, votre main, ta foi!..

ROSE. Deux prétendants!.. Attendez, Messieurs... *(Regardant Chevillard.)* Il peut en venir un troisième!..

CHEVILLARD, *à part.* Dieu! je crois qu'elle m'a regardé!

ANTONY, *à Rose.* Oh! je sais que vous êtes riche!.. mais, moi, de mon côté...

ROSE, *vivement.* Comment?.. riche?..

CHEVILLARD. Hein?

CLIQUET, *à part.* Aïe!..

1. A. Ch. R.
2. A. Cl. R. Ch.
3. A. R. Cl. Ch.

ANTONY. Oui, une fortune... qui vous tombe du ciel !

ROSE. Ah ! bah ! (*Regardant Cliquet.*) Il paraît qu'on ne serait pas fâché de la ramasser !..

CLIQUET, *à part.* Diable ! je crois qu'elle m'a regardé !.. je suis collé !.. (*Il remonte et reste au fond.*)

SCENE X.

LES MÊMES, CREVETTE.

CREVETTE, *entrant par le passage de gauche* (1). Comment !.. on laisse les portes ouvertes ici !.. Eh bien ! v'là une maison bien tenue !.. c'est du propre !.. c'est du gentil !.. (*Antony a remonté près de Cliquet et est redescendu à droite.*)

CHEVILLARD, *à Crevette.* Encore vous !.. Monsieur, sortez de ma maison !..

ANTONY, *vivement* (2). Votre maison ?.. mais vous ne savez donc pas ?.. elle n'est plus à vous.

CHEVILLARD. Comment !

ANTONY. La vente est nulle... il y avait un mineur... on l'a retrouvé !..

CHEVILLARD, *avec transport.* Est-il possible !.. je n'ai plus de maison !.. (*Chantant et dansant.*) Drinn !.. drinn !.. drinn !.. (*Il embrasse Antony; puis s'arrêtant tout-à-coup.*) Mais à qui appartient-elle ?...

ANTONY, *montrant Rose.* A Mademoiselle, parbleu !

ROSE, *passant près de Chevillard* (3). A moi ?

CHEVILLARD. Comment !.. (*Prenant la main de Rose avec compassion.*) Ah ! pauvre fille !.. vous voilà propriétaire !..

ANTONY. Du chef de son oncle, Jacques Patriarche...

CHEVILLARD. Ah ! oui !.. l'infortuné qui avait quatre maisons !.. Il sera mort de ça !

CREVETTE. Ah ! c'est Mademoiselle qui est ?.. (*A part.*) Elle a une figure ingrate !..

CHEVILLARD, *à Rose.* Mam'selle Rose, je ne vous demande qu'une chose... conservez-moi pour portier !

ROSE. Mieux que ça !.. Monsieur Chevillard, vous êtes un brave et honnête homme !.. et je vous prends... pour mari !...

CHEVILLARD, *transporté.* Est-il possible !.. Ah ! Mademoiselle !.. Mademoiselle !.. je suis heureux !.. (*Chantant et dansant.*) Drinn !.. drinn !.. drinn !.. (*Il embrasse encore Antony, qui se dégage avec peine de ses bras et passe à gauche* (1). Mais nous vendrons la maison !.. parce qu'une maison... c'est l'enfer !.. c'est une sangsue attachée à votre gousset !.. un ver qui vous ronge !.. c'est une table sans pain !.. c'est une cheminée sans feu !.. Enfin, c'est... c'est...

CLIQUET, *lui arrêtant le bras.* C'est... c'est... c'est égal... si on veut m'en donner une, je la prends !.. je me risque !..

CHEVILLARD, *naturellement.* Tiens, moi aussi !.. Qu'il est bête !..

CHŒUR FINAL.

Air de *Polka*.

On voit bien des propriétaires
Plus à plaindre que leurs portiers !
En rançonnant les locataires,
Les portiers deviennent rentiers !

(1) A. R. Cr. Ch. Cl., *au fond.*
(2) R. Cr. Ch. A. Cl., *au fond.*
(3) Cr. R. Ch. A. Cl., *au fond.*

(1) A. Cr. R. Ch. Cl.

FIN.

Note du Machiniste.

Le plafond du troisième acte s'équipe de la façon suivante : sur un plafond ordinaire, faire trois panneaux en volige d'environ un mètre carré fixés sur le plafond : au milieu de chaque panneau découper un trou pour passer deux jambes. Il faut que les morceaux découpés soient ferrés avec une charnière pour que, lorsqu'on les lâche pour passer les jambes, ils restent pendants sous le plafond comme des platras. Dans toute la longueur dudit plafond, il faut fixer un chevron soutenu par deux forts cordages, de manière à pouvoir porter les trois personnes qui sont dessus.

IMPRIMERIE HYDRAULIQUE DE VIALAT ET Cie, A LAGNY.

EN VENTE CHEZ LE MÊME ÉDITEUR :

L'Aïeule. 75
Un Monstre de Femme. 40
La Jeunesse de Charles Quint. 60
Le Vicomte de Létorières. 60
Les Fées de Paris. 50
Pour mon Fils. 50
Lucienne. 50
Les Jolies Filles de Stilberg. 40
L'Enfant de Chœur. 50
Le Grand Paladin. 60
La Tante mal Gardée. 40
Les Circonstances atténuantes. 40
La Chasse aux Vautours. 40
Les Batignollaises. 40
Une Femme sous les Scellés. 40
Les Aides de Camp. 50
Le Mari à l'essai. 50
Chez un Garçon. 40
Joket's-Club. 40
Mérovée. 50
Les deux Couronnes. 60
Au Croissant d'Argent. 50
Le Château de la Roche-Noire. 40
Mon illustre Ami. 40
Le premier Chapitre 50
Talma en congé. 40
L'Omelette Fantastique. 50
La Dragonne. 50
La Sœur de la Reine. 60
La Vendetta. 50
Le Poëte. 50
La Maîtresse anonyme. 50
Les Informations Conjugales. 50
Le Loup dans la Bergerie. 50
L'Hôtel de Rembouillet. 60
Les deux Impératrices. 60
La Caisse d'Epargne. 60
Thomas le Rageur. 50
Derrière l'Alcôve. 40
La Villa Duflot 50
Péroline. 50
La Femme à la Mode. 40
Les égarements d'une Canne et d'un Parapluie. 60
Les deux Anes. 50
Foliquet, coiffeur de Dames. 50
L'Anneau d'Argent. 40
Recette contre l'Embonpoint. 50
Don Pascale. 40
Mademoiselle Déjazet au Sérail. 40
Toubeulic le Cruel. 40
Hermance. 60
Les Canets. 30
Entre Ciel et Terre. 40
La Fille de Figaro. 50
Métier et Quenouille. 50
Angélique et Médor. 50
Loïsa. 60
Loterie en Famille. 40
L'autre Part du Diable. 50
La Chasse aux Belles Filles. 60
La Salle d'Armes. 40
Une Femme compromise. 60
Patineau. 50
Madame Roland. 60
L'Esclave du Camoëns 50
Les Réparations. 50
Mariage du Gamin de Paris. 50
Veille du Mariage. 40
Paris bloqué. 60
Un Ménage Parisien. 1 »
La Bonbonnière. 50
Adrien. 50
Pierre le Millionnaire. 60
Carlo et Carlin. 60
Le Moyen le plus sûr. 50
Le Papillon Jaune et Bleu. 50
Polka en Province. 50
Une Séparation. 40
Le roi Dagobert 60
Frère Calfâtre 60
Nicaise à Paris. 40
Le Troubadour-Omnibus. 50
Un Mystère. 60
Le Billet de faire part. 60
Pulcinella. 60
Fiorina. 60
La Sainte-Cécile. 60
Follette. 50

Deux Filles à Marier. 50
Monseigneur. 60
A la Belle Etoile. 40
Un Ange tutélaire. 50
Un Jour de Liberté. 60
Wallace. 60
L'Ecolier d'Oxford. 40
L'Oiseau du Bocage. 40
Paris à tous les Diables. 60
Une Averse. 50
Madame de Cérigny. 60
Le Fiacre et le Parapluie. 50
Morale en action. 50
Liberté Libertas 50
L'Ile du Prince Toutou. 40
Mimi Pinson. 50
L'Article 170. 50
Les deux Viveurs. 60
Les deux Pierrots, 50
Seigneur des Broussailles. 50
Un Poisson d'Avril. 50
Deux Tambours. 50
Constant la Girouette. 40
L'Amour dans tous les Quartiers. 60
Madame Bugdin. 50
Petit Poucet. 60
Camoëns. 60
Escadron Volant. 50
Le Lansquenet. 50
Une Voix. 50
Agnès Bernau. 60
Amours de M. Denis. 50
Porthos. 50
La Pêche aux Beaux-Pères. 60
Révolte des Marmousets. 40
Le Troisième Mari. 50
Un Premier Souper. 50
L'Homme à la Mode. 60
Une Confidence. 60
Le Ménétrier. 60
L'Almanach des 25,000 Adresses. 60
Une Histoire de Voleurs. 50
Les Murs ont des Oreilles. 60
L'Enseignement Mutuel. 60
La Charbonnière 60
Le Code des Femmes. 50
Ou demande des Professeurs. 50
Le Pot aux Roses. 50
La Canne et les Petites Bourses. 50
L'Enfant de la Maison. 50
Riche d'Amour. 60
La Comtesse de Moranges. 60
L'Amazone. 50
La Gloire et le Pot-au-Feu. 50
Les Pommes de terre malades. 60
Le Marchand de Marrons. 60
V'là ce qui vient d' paraître. 60
La Loi salique. 60
Nuage au Ciel 50
L'Eau et le Feu. 50
Beaugaillard 50
Mardi Gras. 40
Le Retour du Conscrit. 40
Le Mari perdu. 60
Dieux de l'Olympe. 60
Le Carillon de Saint-Mandé. 50
Geneviève. 60
Mademoiselle ma Femme. 50
Mal du Pays. 50
Mort civilement. 50
Veuve de quinze ans. 50
Garde-Malade. 50
Fruit défendu. 40
Un Cœur de Grand'Mère. 50
Nouvelle Clarisse. 60
Place Ventadour. 60
Nicolas Poulet. 50
Roch et Luc. 40
La Protégée sans le savoir 60
Une Fille Terrible 50
La Planète à Paris. 50
L'Homme qui se cherche 50
Maître Jean, ou la Comédie à la Cour. 60
Ne touchez pas à la Reine. 1 »
Une année à Paris. 60
Amour et Biberon. 50

En Carnaval. 50
Bal et Bastringue. 50
Un Bouillon d'onze heures 40
Cour de Biberack. 50
D'Aranda. 60
Partie à Trois. 50
Une Femme qui se jette par la fenêtre. 60
Avocat Pédicure. 50
Trois Paysans. 50
Chasse aux Jobards. 50
Mademoiselle Grabu..ot. 50
Père d'occasion. 50
Croquignole. 50
Henriette et Charlot. 50
Le chevalier de Saint-Remy. 60
Malheureux comme un Nègre. 50
Un Vœu de jeune Fille. 50
Secours contre l'Incendie. 50
Chapeau Gris 50
Sans Dot. 50
La Syrène du Luxembourg. 50
Homme Sanguin.
La Fille obéissante. 50
O'néa. 50
La Croisée de Berthe. 50
La Fille de à Nicot. 50
Les Charpentiers. 50
Mademoiselle Faribole. 50
Un Cheveu Blond. 50
La Recherche de l'Inconnu. 60
Les Impressions de Ménage. 50
L'Homme aux 160 Millions. 60
Pierrot Posthume. 50
La Déesse. 60
Une Existence décolorée. 50
Elle... ou la Mort! 50
Didier l'honnête Homme. 50
L'Enfant de quelqu'un. 50
Les Chroniques bretonnes 1 »
Hardés ou le S...
L'Art de ne pas donner d'Étrennes. 50
Le Juif. 1 »
La Tireuse de Cartes. 50
La Nuit de Noël. 1 »
Christophe le Cordier. 50
La Rose de Provins. 50
Les Barricades de 1848. 40
34 Francs! ou sinon!... 50
La Fille du Matelot. 60
Les deux Pommades. 40
La Femme blasée. 50
Les Filles de la Liberté. 50
Hercule Belhomme. 60
Don Quichotte. 50
L'Académicien de Pontoise. 50
Ah! Enfin! 50
La Marquise d'Aubray. 60
Le Gentilhomme campagnard. 50
Les Peureux. 40
Le Chevalier de Beauvoisin. 50
Le Gentilhomme de 1847. 60
La Rue Quincampoix. 60
L'Ange de ma Tante. 50
La République de Platon. 50
Le Club Champenois. 50
Le Club des Maris. 50
Oscar XXVIII. 60
Une Chaîne Anglaise 60
Un Petit de la Mobile. 60
Histoire de rire. 50
Les 20 sous de Périnette. 50
Le Serpent de la Paroisse. 50
Agénor le Dangereux. 60
L'Avenir dans le Passé. 50
Roger Bontemps. 50
L'Été de la Saint-Martin. 50
Jeanne la Folle. 1 »
Les suites d'un Feu d'Artifice. 50
O Amitié!..... ou les trois Epoques 60
La Propriété, c'est le Vol. 60
La Poule aux Œufs d'Or. 60
Elevés ensemble. 50
L'Hôtellerie de Genève. 60
A bas la Famille ou les Banquets. 50
Daniel 1 »
Jacques Maugars ou les Contrebandiers du Jura. 50

Le Voyage de Nannette. 50
Titine à la Cour. 50
Le baron de Castel-Sarrazin. 50
Madame Marneffe. 60
Un Gendre aux Epinards. 50
Madame veuve Larifla. 50
La Reine d'Yvetot. 50
Les Manchettes d'un Vilain. 60
Le Duel aux Mauviettes. 50
Les Filles du Docteur. 60
Un Turc pris dans une porte. 60
Les Grenouilles. 50
Ce qui manque aux Grisettes. 50
La Poésie des Amours et... 50
Les Viveurs de la Maison-d'Or. 60
Un Troupier dans les Confitures. 60
Ma Tabatière, ou comment on arrive. 50
Gracioso, ou le Père embarrassant. 60
E. H. 50
Trompe-la-Balle. 50
Un Vendredi. 50
Le Gibier du Roi. 50
Breda-Street, ou un Ange déchu. 50
Adrienne Lecouvreur. 1 »
Sans le Vouloir. 50
Les Femmes saucialistes. 50
Le Mobilier de Bamboche. 40
Les Beautés de la Cour. 60
La Famille. 60
L'hurluberlu. 50
Un Cheveu. 50
L'Ane à Baptiste ou le Berceau du So... 60
Les ... de Bernerette. 50
Les Bourgeois des Métiers. 60
La Graine de Mousquetaires. 60
Les Faubourgs de Paris. 60
La Montagne qui accouche. 50
Le Juif-Errant. 60
Adrienne de Carotteville. 50
Un Socialiste en Province. 50
Le Marin de la Garde. 50
Une Femme qui a une Jambe de bois. 50
Mauricette. 60
Une Semaine à Londres. 60
Le Cauchemar de son propriétaire. 50
Le Marquis de Carabas. 60
La Ligne des Amants. 50
Les Sept Billets. 60
Phœbus et Borée. 50
Passe-temps de Duchesse 60
Les Cascades de Saint-Cloud 60
Lorettes et Aristes. 50
Œil et Nez. 60
Les Compatriotes. 50
Un Tigre du Bengal. 60
La Femme à deux Maris. 50
Le Congrès de la Paix. 50
Les Représentants en vacances. 60
Les Grands Ecoliers en vacances. 50
Un Intérieur comme il y en a tant! 50
Le Moulin Joli. 50

Lagny. — Imprimerie de Vialat et Cie.

www.ingramcontent.com/pod-product-compliance
Lightning Source LLC
LaVergne TN
LVHW052015160826
845678LV00003B/1066